执行力

一　龙　编著

吉林文史出版社

图书在版编目（CIP）数据

执行力 / 一龙编著. -- 长春 : 吉林文史出版社,
2020.1（2024.8重印）

ISBN 978-7-5472-6684-7

Ⅰ. ①执… Ⅱ. ①一… Ⅲ. ①领导学 Ⅳ. ①C933

中国版本图书馆CIP数据核字(2019)第250857号

执行力
ZHIXINGLI

编　　著　一　龙
责任编辑　张雅婷
封面设计　末末美书
出版发行　吉林文史出版社有限责任公司
地　　址　长春市福祉大路5788号
电　　话　0431-81629353
网　　址　www.jlws.com.cn
印　　刷　北京永顺兴望印刷厂
开　　本　880mm×1230mm　1/32
印　　张　4
字　　数　80千
版　　次　2020年1月第1版　2024年8月第2次印刷
定　　价　19.80元
书　　号　ISBN 978-7-5472-6684-7

前 言

\PREFACE\

我们首先要思考一些最基本的问题：执行从哪里开始？为什么去执行？中国企业的执行究竟存在什么问题？只有对这些问题有了明确的答案，我们才能找到执行的起步点，也才能找到解决问题的途径，否则，即使事情做得再好也没有用，即使你做得速度再快也是一顿瞎忙。

其实，执行与任何管理方面的问题一样，执行的相关思考必须基于中国现阶段的社会背景和国民文化的特点，同时应该充分借鉴、吸收国际上的管理学成果。两者缺一不可，是互动的关系。两者协调一致当然最好，如有差异，则或者我们自身进行一些改变，或者改变国际管理学的适用度，这是现阶段中国式执行思想的现实选择。融合国际管理学成果与中国文化特色是本书的特色之一，我们着眼于前沿、先进的理论思想，也深深扎根于中国的发展现实，只有这样，才能提出在中国真正可执行的理念与方法。

到底是战略重要，还是执行重要？为了吸引舆论的注意而对这样的命题妄下论断是不对的。不同的国度、不同的组织在不同的发展阶段下，答案是不一样的，这也就是我们所说的“语境”，我们需要确定环境与范围。一个错误的战略注定是个悲剧，但事实表明：多数企业的失败并非是因为战略的错误。而对于成功的企业，我们容易把它归结为成功的战略、优秀的CEO，但如果透过现象看本质，其实更多的是执行的成功，是经验的积累，例如微软、沃尔玛、联想等众多优秀企业的成功，与其说是战略的成功，不如说是执行的成功。

执行力对于个人，对于企业，对任何一个组织乃至对一个国家来讲，都是一种竞争力。执行力是走向成功的必备能力之一，更是一种思维方式、行为习惯和人生态度。因此，这本书不仅适用于企业界的人士，也同样适用于那些为了取得成功而正在努力的各行各业的人们。加强执行力是企业管理的重中之重，重要的是向着企业的目标立即行动起来。

目 录

\CONTENTS\

第一章

执行力组织：落实企业执行力，创造永续价值

第一节　执行对组织的重要性

越来越多的组织开始意识到制定一个战略远比执行一个战略容易。制定战略有时可以请咨询公司代劳，但执行战略是任何人不能代替的，它需要踏踏实实地去做才能实现。只有有效地执行，处于构思、设想状态的战略目标才能变为现实。

一、执行力的内涵

执行力有组织执行力和个人执行力之分。个人执行力就是执行计划、完成任务的力度与能力。个人执行力的判断是比较容易的，只需要去观察每个人做事的方式和成效就可以了。组织执行力是指组织整体实施战略和达到目标的力度与能力，具体来讲，组织执行力包括提出设想、设定目标、规划战略、制订计划、配置资源、组织实施、完成任务、达到目标的力度与能力。组织执行力是组织中的高层领导者、中层执行者和一线员工执行力总和

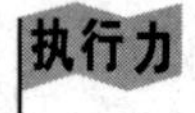

的平均值。就像水平有高低、能力有大小一样，执行力也有强弱。执行力对应有三种情况和三种结果，即超常执行力、正常执行力、低下执行力。在一个组织中，个人执行力强不一定就意味着组织整体的执行力强，但是个人执行力不强就一定意味着整体的执行力更差。

二、执行力的构成要素

为什么有的组织和个人执行力强，而大多数的组织和个人执行力弱呢？到底是什么因素在制约和影响着组织与个人的执行力呢？人们经过对大量组织与个人执行力的研究与分析发现，执行力的构成要素如下：

1.执行战略

有的人以为战略与执行力没有关系，因为执行往往被认为是发生在战略制定之后的行为，即执行就是对战略的实施。实际上不然。首先，制定战略的过程本身就是一个执行的过程，战略制定得如何与执行力有关，没有执行力，不可能制定出好的战略，而有执行力的组织和个人恰恰是战略的高手；其次，战略是实现计划和达到目标的总的谋略和手段，既然如此，战略的好坏就直接关系到目标是否能够达成，归根结底也就是关系到执行。好的战略有利于执行，差的战略只能误导和影响执行。因此，战略是执行力的关键构成要素。

2.执行目标

目标的质量影响到执行力的水平和强弱，目标是执行力的关键构成要素。第一，目标不实际，执行难实现。光有目标还不够，只有切合实际的目标才是执行的伴侣，不切实际的目标只能是空中楼阁，执行起来像雾里看花，模糊不清，可望而不可即，执行也就难以实施，无法发挥。第二，目标既是牵引力也是驱动力。科学合理、明确实际的目标既可以拉动执行，也可以推动执行。目标太高，执行起来就容易丧失信心；目标太低，执行起来就会失去动力，目标的好坏直接关系到执行力的强弱。第三，目标是执行的一个标杆。目标定得越高，越不利于拉动和提升执行力，目标规定得太低，同样也就会浪费执行力。就像运动员跳高一样，标杆太高跳不过，标杆太低不利于运动员发挥出真实水平。

3.组织结构

组织的存在使得不同的人能够在一起和谐地工作，而组织结构的好坏则制约和影响着组织成员工作水平的发挥。在一个优秀的组织当中，大家能够分工协作、各负其责、顺利地完成工作任务；在一个松散的组织当中，钩心斗角、分工不明、内耗成风、职责不清、推卸责任，工作任务难以完成。在同一个组织中，同一个人在不同的位置上表现就不一样，工作的业绩和成效也会差别很大。同一个人放在不同的组织当中表现也不一样，工作的业绩和成效也会差别很大。种种情况说明：组织结构的优劣直接影响和制约着执行力的发挥，组织结构是执行力的关键构成要素之一。

4.执行制度

所谓制度，是指一个组织中大家必须共同遵守的行为准则或办事规程。制度的存在与建立，使组织成员在统一的游戏规则下做事和行动，同时，制度的存在，也使组织成员的行动得到了约束纪律和评价标准。制度就是要对组织成员建立起一种外在的约束机制（他律），从某种意义上讲，制度就是纪律。没有规矩不成方圆，没有健全的制度，就不会形成健康的组织，也不会有好的执行力。企业制度就是企业在经营活动中所必需的基本的组织与运作规程，以及企业所有成员所应遵守的共同的行动准则。现代企业制度包括产权制度、组织制度、管理制度、行为规范等。任何企业要想提升执行力，做到健康和持续发展，都必须建立和健全本企业的制度。执行制度就是与组织成员的工作行为直接相关的制度，在组织、管理和产权三类基本制度中，组织制度和管理制度是与执行最直接相关的，因此，严格地执行制度就是要建立严格的组织制度和管理制度，没有严格的组织制度和管理制度，组织成员的行为就会失去约束而乱套。组织的章程、人事管理制度、财务管理制度、生产制度、行政管理制度、销售制度是一个企业必备的六大基本制度。这些制度是否健全和完善，直接影响和制约着执行力的水平与发挥。因此，组织制度是执行力的关键构成要素之一。

5.执行角色

执行角色就是执行中的人，用什么样的人来执行，把什么人放在什么样的位置上。这些在某一特定的位置上，被赋予某种头衔并承担相应的职责和任务的人就是执行角色。管理组织或经营企业就像导演一部电影，在这部电影当中，需要不同的角色来完成剧情，角色对这部电影十分重要，角色选得好，演技到家，才会吸引观众；角色选得不好，就演不出剧情的真正味道，观众看起来就会乏味。同样的剧情让不同的角色来扮演，演出的效果肯定不一样；同一个人去表演不同的剧情和扮演不同的角色，水平和效果也会有很大的差别。经营企业和完成任务也是这个道理，选择什么样的人来做什么样的事，把什么人放在什么位置上，这对企业的成败十分重要。人选得好，位置放得恰当，工作的效果就会好；人选得不好或位置放得不对，工作的效果就会难以令人满意。因此，角色的优劣直接影响和制约着执行力的发挥，执行角色是执行力的关键构成要素之一。

6.执行团队

团队是为了完成一项或几项任务，达成一个共同的目标而组合起来的一群人，这一群人的水平及组合情况，将直接影响和决定着任务是否能完成、目标是否能达到。“一个和尚挑水吃，两个和尚抬水吃，三个和尚没水吃”的故事，就是团队合作的效果对执行影响的最好印证。我们经常看到：当一个团队中出现问题时，只要进行适当的调整，人还是那些人，任务还是那些任务，章法还是原来的章法，可执行效果和业绩却大不相同。秘密何在？秘密就在于团队合作的好坏。因此，团队合作的好坏直接影响和制约着执行力的发挥，执行团队是执行力的关键构成要素之一。

7.执行方法

执行方法是执行过程中借助和使用的技能和技巧，包括行动的技能和技巧、管理的技能和技巧。如果说执行工具借助的是外力的话，那么执行方法借助的则是内在的巧力。执行方法更多的是一种艺术，如作家写作，有些作者先用笔墨在稿纸写好并修正，再输入电脑，而有些作者则直接在电脑上写作修改，一次成文。采用不同的方法，都可以完成同样的任务和达到同样的目标，但工作的效率却大不一样，如作家写作，直接在电脑上写作修改，一次成文的方法肯定比先用笔墨在稿纸写好并修正，再输入电脑的方法工作效率要高、速度要快。可见，采用不同的执行方法，对执行的速度和效率影响极大，执行方法直接影响和制约着执行力的发挥。因此，执行方法也是执行力的关键构成要素之一。

第二节　构建组织执行力的内容

企业要构建高效的组织执行力，必须包含以下这些内容：企业组织的执行规划思路，建立一个强有力的团队，管理和驾驭变革，制定执行的程序。

一、规划好执行思路

规划有效的执行思路是执行过程中的一大亮点，也是提升执行力的基础和关键。组织是依靠各种各样的流程在运作的，优秀的执行思路可以简化执行的环节、提高执行的速度、缩短执行的时间、降低执行中的摩擦。组织有了好的思路后，还应该不断地进行流程优化与持续创新，这样才能赢得持久竞争优势，持续提升执行力。

1.设计简单清晰的工作思路

一个组织的思路是各种各样的，如文件处理思路、会议管理思路、财务思路、战略思路、决策思路、人员招聘思路、销售思路、运营思路、工作汇报思路、绩效考核思路、奖惩思路，等等，组织就是在这些思路中得以程序化运作的。思路如何设计，与工作的效率和执行力有很大的关系，思路清晰简明，工作的效率就高，执行力就强；思路复杂烦琐，工作的效率就低，执行力就差。例如一项重大决策，一家流程清晰简明的组织可能只需要五天就可做出决定，而一家流程复杂烦琐的组织可能需要半年甚至更长的时间。可见，流程的优劣严重地制约和影响着执行力的发挥。要想提高组织的执行力，必须以清晰简明为原则，设计合理的工作流程，也就是设计合理的工作环节与衔接程序。

2.将思路环节细化

思路环节的细化有利于全面分析执行中的影响因素，使执行的思路更加清楚和具体化。比如：在企业组织的执行思路中，如果只将销售的思路看作是“接触—销售”，那么其中的影响因素就只是接触的方式和接触的对象；但如果将思路细化为“接触—信息的收集—信息的整理—信息的分析—信息的判断—进一步采取行动—销售”，那么，其中的影响因素除了前面提到的两个以外，还有信息收集是否正确、信息整理是否及时有效、信息分析用的是什么方法、信息的判断用的是什么标准，等等。在实践当中，将思路环节细化后，所做的分析会更全面，也更有效，执行思路也会更加清楚，还可以避免执行的无序性。

3.将思路标准化

思路标准化是建立在流程细化之上的，目标是通过设计一个正确的思路，作为现状的判定标准，以达到改变现状和提高效率的目的。它包括思路具体步骤的确定、步骤中采用的方式的确定等。这个所谓的标准并不是不变的，在运行一段时间后，还要对它进行有效性分析，以期改进。比如，对于企业组织中销售部门员工考核流程的制定，可以从八个步骤入手，即确认考核目的（调职、调薪）、选择考核方法、设定考核范围（销售业绩、网络建设、信息反馈、日常管理）、制定考核内容、组织考核机构、落实考核流程时间表、设定考核监控程序、组织实施。思路标准化的好处在于便于按照标准开展工作，避免执行的盲目性，降低因没有标准而造成的执行力流失。

4.将思路量化

思路量化，是制定思路的核心部分，也是确保思路有效性的基本方法和必要环节。依据标准对执行的现状与未来期望进行量化，从而可以确定执行的时间、执行的速度、执行的成本、执行的收益等量化指标，这样便于执行的评估与考核。

5.优化与再造流程

很多组织的思路很复杂，严重地影响了执行的速度和工作的效率。复杂的思路就像复杂的制度一样，只会成为行动和速度的负担和累赘。因此，组织必须简化思路，进行思路再造。思路再造的最终目标是机构调整、减员增效，使思路利于快速行动。流程再造的基本原则是：

（1）有利于组织内部分工的细化；（2）有助于时间的合理利用和效率的提高；（3）有利于目标或任务的顺利完成；（4）坚持以市场和顾客为导向；（5）坚持以人为本的团队管理；（6）有利于明确执行人的责任。

流程再造的程序是：

（1）组织的变化

① 工作单位由职能部门变为流程工作小组。职能部门将不存在，在流程小组中工作的人员不再同时属于其他职能部门。根据流程业务性质的不同，工作人员需要具备多方面的不同的能力。

② 组织结构由垂直型趋向扁平化。在传统的组织中起上传下达作用的中层管理人员，在企业经过再造之后将失去存在的必要性。一方面，在新型的组织中，流程小组有相当大的自主权，原来由中层管理部门代为决策的问题，现在都交由流程小组自己做决定。随着中层管理机构的萎缩或消失，组织结构自然就趋于扁平；另一方面，通过信息系统，一个流程负责人可以直接指挥的人员数量大幅度上升，管理幅度的增加必然降低组织层次。在扁平化的组织中，业务流程的工作人员地位平等，凭着信息系统可与组织内任何人沟通，大大降低了组织运行成本。

（2）人员的变化

① 经理人员由监督者变为教练。在传统的组织中，工作的特征是简单化，而现在则要求员工做多方面的工作，其工作特征

是复杂化。因此，企业对员工的能力提出了更高的要求，要求员工成为具备多种才能的复合型人才。同时，经理人员及资深的管理人员必须充当教练的角色。他们向员工传授技艺，更重要的任务是要辅导员工学习，向员工解释“为什么这样做”。这样，才有利于充分发挥员工的智慧，帮助员工规划事业发展。

② 员工角色从被动执行到主动参与。在传统的组织中，普通员工被动地接受领导指派的任务而没有积极性。在新型的组织中，员工将自我激励、自我管理，并广泛参与流程的经营决策和管理，且在授权范围和责任范围内，具有充分的自主权。

③ 员工价值观由“上司”变为“顾客”。对于企业员工来说，在新的组织中，价值观变化的最重要表现是：员工认为自己在为顾客工作，一切得从顾客的利益出发，而不是为老板工作，不是想方设法讨领导的欢心。

④ 员工考评标准由“活动”转变为“结果”。在新的组织中，企业考核员工的标准不再以工作时间或活动内容为依据，而是以员工活动的结果为依据。只有当员工的工作能给顾客创造价值，员工才能获得相应的报酬。员工所得报酬能与他们的工作结果紧密挂钩，将大大提高他们受激励的水平。

⑤ 员工晋升标准由“表现”转变为“能力”。过去那种根据员工表现（如专业水平）来作为是否晋升的标准，经过转变之后，将以实际能力为标准。这样，对大多数员工来说，可以根据他们的业务能力，使他们在专业的道路上发展，为他们发挥专长创造更好的条件。传统企业认为专业人才成绩突出就提升为管理

员的做法极有可能导致管理低效率和浪费优秀管理人才。在新型的组织中，作为一名管理人员，并不一定会比高级专员更受优待。同时，对管理人员素质的要求，不仅包括了综合的知识和能力结构，还包括他们的服务精神和持续学习的意愿。

二、建立一个强有力的领导团队

执行力提升是一个组织变革项目，在任何组织变革项目中，领导团队的充分支持都是最关键的成功要素。变革领导团队需要在以下问题上达成基本一致：执行力的问题和现状；执行力提升的关键性目标；提升执行力所涉及的范围和内容；对变革风险的认知和评估等。

领导团队并非仅限于高层领导，事实上，中层执行者由于发挥着承上启下的作用，往往在变革当中承担着更为具体的变革责任。因此，尽管在一开始，高层领导承担着发动变革的主要责任，但如果高层领导不能充分调动和吸引广大中层对提升执行力的理解和支持，那么变革成功的可能性就变得微乎其微。通常，组织变革被称为“一把手工程”，但这里面的一把手，不应仅包括整个公司的“一把手”，还应包括各个部门、各个团队的“一把手”。

通常，在成功的企业变革中，往往是由公司直线高层领导（如总裁、总经理等）再加上另外大约3～30人，组成一个变革领导团队。而且，公司业务部门的负责人应该在团队中承担主要角色，而不是由某个职能部门负责。

建设领导团队的方式可以采取正规的方式，例如正式的会议，但事实上，领导团队的形成在提交会议讨论之前就应该基本落实。借助单独的沟通和交流，听取大家的评价和意见，在决定发动变革之前，变革领导者应该对内部的现状和格局有充分的认识，并从中找到可以成为变革动力的部门和管理者。当领导团队初步确立以后，还应该采取一系列的措施，如集中、定期、持续的培训和研讨来建立一个强有力的领导团队。

三、制定执行程序

企业的执行程序制定包括战略流程、人员流程和运营流程。其中，人员流程是企业执行流程的关键。有人调查过50个企业家："你认为公司最宝贵的财富是什么？"几乎所有的企业家都会回答："人才。"

人员流程不仅能保证企业能为今天的战略实施找到适合的人才，同时也为企业的长期发展储备足够的未来人才。此外，更重要的是，它还必须提供一个完善的论功行赏机制，确保执行的顺利进行。

人员流程的另外一个重要作用是及时发现那些绩效差的人员，并区分出哪些人应该调换岗位，哪些人应该离开公司，并为他们制订技能培训计划。可以这样说，人员流程是企业战略流程和运营流程的基础。所以它是企业执行流程的重中之重。

第三节　提升企业执行力的重点

提升企业的执行力的重点在于提升员工的士气，激励员工，创建新的游戏规则。关心员工，员工才会关心顾客，顾客才会对企业忠诚。在提升企业执行力时，要学会该出手时就出手，高效执行，拒绝任何借口。

一、提高员工的士气

掌握了员工激励的一般原则之后，就要在一般原则基础上遵循员工激励的高级原则，这样企业才能做得更好。

第一条高级原则是激励员工要从结果均等转移到机会均等，努力为员工创造公平竞争的环境。对员工来说，能不能得到公平的机会，这才是激励的重点。

第二条高级原则是激励要掌握时机，也就是该激励的时候激励，过期的激励就失去了意义和效果。比如，需要在目标任务下达前激励的，要提前激励；若是员工遇到困难，有强烈要求帮助的愿望时，要给予关怀，及时激励。这些都是激励的最佳时机，中层执行者一定要善于把握，千万不要错过。

第三条高级原则是激励要有足够力度，主要表现在“两个重视”上。这两个重视是：对突出贡献要重视，对重大损失也要重视。也就是对突出的贡献要予以重奖，对造成巨大损失的要予以重罚，重奖可谓正激励，而重罚就是负激励。

第四条高级原则是激励要民主。奖罚分明强调的是要健全、完善绩效考核制度，做到考核尺度相宜、公平合理。中层执行者在激励员工时，要克服亲疏有别的人情风；在提薪、晋级、评奖、评优等涉及员工切身利益的热点问题上务求民主。

第五条高级原则是在员工激励中，不能因为倡导物质激励而忽视精神激励，精神激励一定要做物质激励的合理补充，因为精神激励有四两拨千斤的作用。

正负激励相结合主要强调的是该惩罚的要惩罚，虽然现在主要提倡教育为主、惩罚为辅，但是不敢惩罚绝对是错误的。所以，按条例该惩罚要惩罚，不然就不能弘扬正气，就会遍地歪风邪气。

第六条高级原则是员工激励还要构造员工分配的合理落差，在这里所谓的合理落差主要指的是鼓励拉大收入距离。现今，我国大部分企业的分配差距还是比较小的，尤其是企业的高层和基层的收入差距还有很大的可拉开的空间，只有落差大才能动力大，就像长江三峡之所以能发电就因为水的落差大。企业一定要学会在落差中去鼓励员工的进取心，而且巨大的落差能保护中层执行者的自尊，让每一个人都害怕失去自己的职务，都会加倍努力地工作。

二、创建新的游戏规则

在执行中加入一些灵活性和创造力，不仅会使你更顺利地解决问题、完成任务，还会使你的工作和办事效率大大提高，如果持续保持创造性张力和创新精神，则会使你创造出卓越的业绩。

许多游戏规则都打上了时代的烙印，是在旧有的环境、旧有的格局、旧有的情势下订立的指导人们行为的一种经验性法则。随着环境的迅速变化，原有的格局已然打破，许多惯常的规则和通行的做法，对解决目前的一些问题，尤其是针对未来不确定因素下可能产生的问题，早已显得力不从心了。这时，大家不能抱残守缺，顽固地恪守旧规则、旧条例、旧方法，而应打破一切常规，突破惯性思维，重构新的框架，制定新的标准和游戏规则。唯有如此，才能摆脱困境，使问题顺利解决，使目标得以实现。

创造力是执行力的五大关键要素之一，在执行中加入一些灵活性和创造力，不仅会使你更顺利地解决问题，完成任务，还会使你的工作和办事成效大大提高。如果持续保持创造性张力和创新精神，则会使你创造出卓尔不群的业绩。

相反，如果一个人缺乏创造力，执行力则会大受影响，由此出现的不良反应是：执行水平低下，完成任务的效率大减，完成任务的质量差强人意，任务完成率也会大打折扣。如果一个企业缺乏创造力，则更为可怕，不仅难以完成企业的战略计划和目标值，还会长期在市场的盲区中非正常运行，找不到摆脱困境和冲出重围的突破口，甚至会忽视市场和客户的新变化，或在变化中显得力不从心、无所适从，进而在竞争中屡屡败北，并被已有的客户所抛弃。

毫无疑问，没有创造力，就没有真正的执行！即使是那些看起来毫无生趣，没有太多弹性，完全按业务流程操作的工作，也有创造力发挥的余地。

三、该出手时就出手

孙子兵法说：“凡战者，以正合，以奇胜。”奇正相生是一条高效的执行方法，打仗需要“以正合，以奇胜”。执行任何其他任务也同样如此，既要有常规的方法，又要出奇招、用巧力，才能取得良好的执行效果。

1.要出奇招

要善于打破常规，求新求变，标新立异。执行的方法也许是各种各样的，但只有经常求新求变，出奇才能制胜。当你用一些常规的方法不能取得良好的效果时，必须要出奇招，例如产品方面的人无我有，人有我优，人弃我取，人取我予；经营方面的标新立异，奇特营销等。只有这样，大家才能在商战中使自己掌握主动，立于不败之地。

2.要善变通

孙子说：“兵无常势，水无常形。能因敌变化而取胜者，谓之神。”在工作实践特别是市场经营管理中，很多时候没有什么固定的模式，时刻都应该随着情况的变化而变化。根据不同的情况，采取不同的对策，这才是战无不胜的方法。在执行的过程中，原定的目标、战略都要根据环境和市场的变化而做出相应的调整；对于领导布置的工作，要根据情况和地点、条件、时间等而因地制宜，调整方法和思路。只有这样，才能不辱使命，取得执行的真正胜利。

3.要用巧力

不论是执行任何任务，大到实施组织的战略，小到个人完成自己的工作，都要学会用巧力。同样的事情，用不同的方法去做，效果肯定是不一样的，善用巧力者，事半功倍，成绩优异，墨守成规、不善变通者，事倍功半，业绩平平。美国有一家酒店，老板专门奖励“最懒的人”，每个月，酒店都要评出一名“最懒”的员工，然后予以重奖。其实他们评奖的标准不是真正的“懒”，而是在于“巧”，即最善用巧力，能够在最短的时间内完成工作任务的人。这些人因为善用巧力，工作效率最高，当别人还在忙忙碌碌的时候，他们已经完成任务而闲下来了，所以被称为“最懒的人”。其实，在任何组织中，都有这样的“懒人”，他们善于打破常规，善于变通，所以工作效率比一般人要高很多，这样的人很值得奖励，他们的方法和经验值得推广、值得仿效。如果一个组织中的所有成员都成为这样的“懒人”，那么这个组织的执行力就达到正常，甚至超常了。

四、高效执行，拒绝借口

没有任何借口是执行力的表现，体现了一个人对自己的职责和使命的态度。思想影响态度，态度影响行动，一个不找任何借口的员工，肯定是一个执行力很强的员工。可以说，工作就是不找任何借口地去执行。

无论什么工作，都需要这种不找任何借口去执行的人。对我们而言，无论做什么事情，都要记住自己的责任，无论在什么样

的工作岗位上，都要对自己的工作负责。不要用任何借口来为自己开脱或搪塞，完美的执行是不需要任何借口的。

“拒绝借口”应该成为所有企业追求完美的最有力的保障，它强调的是每一位员工都应该对自己的职业行为准则奉行不渝，没有任何理由地坚决执行，而不是为没有做好工作去寻找任何借口，哪怕看似合理的借口。不以任何借口为理由并不是最终的目的。这种要求是为了让个人学会面对压力和挑战，培养自身不达目的绝不罢休的毅力。它让每一个员工懂得：工作是没有任何借口的，失败是没有任何借口的，人生也是没有任何借口的。

不可否认，每一个人都喜欢借口，因为借口使得大家看起来更加完美。可是借口的背后是什么呢？就是对个人应有责任和苦难的逃避。

第二章

执行在高层：迫使员工进化

第一节　执行中高层所必备的心态

对于个人来说，做一件事成功与否的关键，就是态度问题，态度是个人执行力的关键保障。不同的态度，就会有不同的方式方法，采取不同的措施去执行，结果自然是不一样的。

积极的心态是做好一切事情的基础，一个企业是否朝气蓬勃、奋发向上，是否具有开拓创新精神，首先决定于高层执行者的心态是否积极。

一、从健康的执行心态出发

“一旦你产生了一个简单而坚定的想法，只要你不停地重复它，终会使之变成现实。”这是美国GE前任总裁杰克·韦尔奇对如何成功做出的最好回答。其实他阐述的是一种心态。的确如此，心态是影响企业高层领导者行为的重要因素，甚至是首要因素。

积极的心态是做好一切事情的基础。一个企业是否朝气蓬勃、奋发向上，是否具有开拓创新精神，首先决定于企业高层领导者的心态是否积极。

强大的执行力，来自高层领导者强烈的成功情绪。只有高层领导者们对自己的工作满怀热情，能够正视困难，有坚忍的意志，他们才可能把一切事情做好，才形成强大的执行能力。

二、执行者扮演正确的执行角色，执行才能成功

高层领导者的作用是什么？根据联合国经济合作与发展组织前科技部主任萨罗索教授多年的研究，一项技术或一种产品从基础研究、应用研究、技术开发到投入市场，其投资费用的比例大致是1：10：100：1000，即呈十倍的递增。进行科学研究的是科学家，从事技术开发的是工程师，将产品生产出来投入市场的是企业家。由此可见，企业家在投资利润中承担着十倍、百倍的责任。可见，高层领导者对企业具有十分重要的作用。

具体来讲，高层领导者在企业中有以下作用：

（1）高瞻远瞩的决策作用

以实行公司制的企业为例，经理一方面要向董事会提出战略决策，另一方面还要参与董事会的讨论和“拍板”；为了贯彻战略决策，经理要集中精力进行管理决策，采取措施，对所需人、物、财、技术等资源进行合理配置与优化组合；经理还要指导有关职能部门进行具体的业务决策，以便顺利开展生产经营活动。随着经济发展、科技进步、人民生活水平的提高，企业外部环境经常发生变化，经理还要随时注意市场动向，敏锐地捕捉信息，高瞻远瞩，在自己的职权范围内，对各种问题做出科学的决策。

（2）步调一致的指挥作用

组织的一切活动必须进行集中统一的指挥，这是不以人的主观意志为转移的客观规律。一个乐队没有指挥不行；同样的道理，一个企业没有经理也不行。任何组织都要求无条件的和最严格的统一意志，以指挥几百人、几千人以至几万人的共同工作。企业领导者要充分发挥统一指挥的作用，只有这样，组织才能统一步调、协调运作。

（3）推进合作的协调作用

在企业组织内部，经理要与董事会，与其他领导成员，与党、团、工会等组织，与下级人员搞好沟通与协调；对企业组织外部，经理要与有关单位、人员搞好协调，以取得方方面面的支持。“和谐即美”，自然界是这样，管理也是这样。经理通过巧妙的管理，搞好协调，就能“奏出最美、最优雅的乐章”，就能创造出一个在功能上大于其各部分简单之和的、富有生机与活力的整体。

（4）刚柔相济的控制作用

为了顺利地完成既定的任务，企业领导者应及时掌握工作运营中的反馈信息，采取有力的措施，进行有力的控制。控制中的“刚”，如建立严密的管理组织，制定严格的规章制度，颁布严明的组织纪律，进行严格的监督和检查，以便使组织管理有条不紊，使生产经营井然有序。控制中的“柔”，指注意工作方法，讲究管理艺术。企业领导者对下级工作人员应给以充分的信任、尊重、关心、爱护、理解，把他们真正当作自己的朋友、亲人和组织的主人，他们就会高兴愉快地工作，会加倍努力，克服各种困难，做出突出的成绩来。

（5）统筹全局的组织作用

现代组织规模庞大，结构复杂，信息量大，动态多变，功能综合，因素众多，联系广泛，是一个十分复杂的系统。要使组织顺利地开展工作和进行各项活动，企业领导者必须使各个要素得到最佳组合，让组织中的各个部门、环节、岗位密切配合，做到组织机构精干，人员安排适当，人尽其才，事得其人，规章制度健全，并严格贯彻执行。这样组织的工作节奏就快，成效就大。

（6）鼓舞职工奋进的激励作用

劳动者是生产力最积极、最活跃、最能动的因素。企业领导者如果善于对职工进行激发、鼓励、教育，就会充分发挥他们的聪明才智和潜力，发挥他们工作的主动性、积极性和创造性，使执行力大大提升，甚至超常发挥。

三、让合适的人做合适的事

企业高层领导者有效发挥人才的价值，让合适的人做合适的事，是提高执行力的重要途径之一。

企业的人才有时就像企业生产产品所需要的材料一样，必须十分合适，如果所选的人才不合适，就无法满足企业的需要。

让合适的人做合适的事，才能突出有效执行的能力，否则就很难达到目的。大家都知道，执行力是有界限的，某人在某方面表现很好并不表明他也胜任另一工作。

如何提高执行力，其关键的一点是企业高层管理者找到合适的人，并发挥其才能。执行的首要问题实际上是人的问题，因为最终是人在执行企业的策略，并反馈企业的文化。

卓越的企业高层领导人所做的第一步不是决定去哪里，而是决定哪些人去。他们首先选合适的人上车，请不合适的人下车，然后将合适的人安排到合适的位置上。不管环境多么困难，他们都遵从这样的原则：首先是选人，然后才确定战略方向。

让合适的人做合适的事，远比开发一项新的战略更重要。这个宗旨适合于任何一个企业。

第二节　执行中高层的沟通艺术

沟通中有一个数字很能说明问题：企业的高层执行者平均70%的时间花在沟通上。可以说，沟通是企业管理者最为头痛的问题，也一直是影响执行的大问题。因此，把沟通问题搞好了，它的作用就是一座“通天塔”。

一、沟通也是生产力

现代企业，人与人之间，部门与部门之间，企业上下级之间，以及其他各个方面之间，特别需要彼此进行沟通，互相理解，互通信息。在现代信息经济时代，企业高层管理沟通在企业管理实践中发挥着越来越关键的作用。我们可以从以下四点来认识沟通在现代企业中的重要作用。

1. 良好的沟通有助于企业高层管理者和组织做出决策。

2. 沟通是润滑剂，能够更好地促进企业员工协调工作。

3. 沟通有利于企业高层领导者激励下属，建立良好的人际关系和组织氛围，提高员工的士气。

4. 作为一个企业首先是内部沟通，然后才是外部沟通，内部沟通能够创造价值，而外部沟通是利益的直接来源。

可以说，沟通是管理的核心和灵魂。没有沟通，就没有管理，没有沟通，企业高层领导的管理只是一种设想和缺乏活力的机械行为。企业高层的管理沟通必然是维持企业良好管理状态、保证企业正常运行的关键过程与行为。总之，沟通的作用能让大家产生“心往一处想，劲往一处使”的效果，可以说，企业高层领导的沟通也是一种生产力，必将极大地提升企业的竞争力。

二、选择自己的管理方式

一般来说，企业高层领导者可选择采用独裁、民主或放任三种管理方式。企业高层领导者必须依据管理环境、管理对象和领导者自身的特性做出适当的选择。企业高层领导者对属下所使用的独裁、民主和放任的管理方式的选择，需考虑下列四种因素：

1.企业高层领导自身的特性

企业高层领导者具有下列特性者，对属下可选用独裁的管理：对工作具有充分信心者；工作知识技能较属下为优者。但企业高层领导者不可基于下列因素而选用独裁的管理，即：害怕属下工作会失败；利用个人感情统治他人；喜欢自己控制一切。

企业高层领导者具有下列特性者，对属下可选用民主的管理：真正重视部属之处事才能；信任团体人员的思考能力。但企业高层领导者不可基于下列原因而选用民主的管理，即：害怕担负责任想借会议减轻自己责任；不愿意得罪他人而借用团体名义处理。

企业高层领导者具有下列特性者，对部属可采用放任的管理：认为部属学识经验丰富且能对事情负责；自己善于协调且能进行有效的信息提供。但企业高层领导者不可基于下列原因而选用放任的管理，即：不愿管事；对事不肯负责任；自己对工作毫无主张。

2.下属的特性

下属具有下列特性者，对之宜采用独裁的管理：具有独裁权威感者；对领导采取敌视态度者；依赖性甚大或能力甚差者；年龄较轻者。

下属具有以下特性者，对之宜采用民主的管理：年龄较大者；学识经验优异且工作熟练者；平和而不愿管制他人者；极愿合作者；喜欢群居且团体观念浓厚者。

下属具有如下特性者，对之宜采用放任的管理：学识经验优异且工作熟练者；自由气氛较为浓厚者；抱个人主义态度者；倾向孤独及遁世主义者。

3.当时的情况

当遇到下列情况时，宜采用独断的管理：遇到情况危急者；

必须于短期内完成工作者；处事原则、方法、程序已有严格规定，处理时不能有违者；内部发生裂痕，采用民主管理而仍无法弥补者；需运用尊严恢复属员之信心者。

遇到下列情况时，宜选用民主的管理：工作原则、方法、程序尚有商讨余地者；需增加属员对工作之兴趣者；需增进属员对全盘工作之了解者。

遇到下列情况时，宜选用放任的管理：对工作原则、方法、程序尚需从长考虑者；需研讨全盘性计划者；需考虑某种内容复杂之问题者。

4.团体士气与态度

团体对企业高层人员采取敌对态度者，宜将原有管理方式改为独裁管理，以适应此种态度之需要；在原有管理的方式下，采取某种措施以改善现有团体态度，使适合于原有管理方式的要求。

团体对企业高层人员采取散漫松懈态度者，宜改用独裁管理，以适应改善态度的需要。改用民主甚至放任管理，以引导态度的改善。在原有管理方式中，采取适当措施来培养团体态度，使之适合原有管理方式的要求。

团体对企业领导人员及主管部门业务具有高度热忱者，企业领导人员对下属的领导关系，只应逐步放宽而不应加严，即应由独断管理放宽为民主管理，由民主管理放宽为放任管理。

选择独裁、民主、放任管理方式时，需考虑企业高层领导者特性、下属特性、当时的情况及团体士气与态度四个因素，在考虑时需注意其顺序：先根据企业高层领导者的特性，选用对下属的管理方式；如果所选用的管理方式对某下属的特性不相适应，对该下属的管理，宜改用适合该下属特性的管理方式；如果所选用或改用的管理方式，与该工作当时的情况不适应，对当时工作的完成，应改用适合于该工作当时情况的管理方式；如果根据企业高层领导者的特性所选用的管理方式，与团体士气及态度不适合时，则应根据原有管理方式来改善团体士气与态度，或改用适合团体士气与态度的管理方式。

选用独裁、民主、放任管理方式需考虑的四个因素，其实质并非永远不变，而是经常在变。因此，对所选用的管理方式，遇到因素有变化时，应该调整原有的管理方式。

基于企业高层领导者特性的改变而调整管理方式。如：企业高层领导者希望对自己所处理的工作能有机会更加熟悉时，应该考虑对下属的管理是否应该加严；企业高层领导者欲培植得力助手时，对助手的管理就应考虑放宽；企业高层领导者认为下属的工作不够理想或未达到标准时，应考虑对下属的管理是否该加严。

基于部属特性之改变而调整管理方式。如：新进部属在工作指派后，工作进展情况甚好时，应考虑是否将原来的管制放松；对某部属用民主管理未获成功时，应考虑是否该改用更严格的管理；由于部属年龄增高，学识经验有长进，应考虑将管理放宽。

基于情况的变化而调整管理方式。如：办公地点由集中而分散，应考虑是否需要更宽的管理；属下心理受外界不安因素所困扰时，应考虑是否将管理加严；机构的压力，对所管理部门业务的进行构成威胁时，应考虑是否需要将管理再加强。

基于团体士气及态度的改变而调整管理方式。如：本部门新进人员比例增加时，应考虑是否将管理加强；本部门属于新近成立的部门时，在管理上应考虑是否加严；本部门工作成绩受上级奖励时，应考虑是否将管理放宽。

三、指引员工前进的灯塔

有许多企业高层管理者常常这样抱怨：“自己的员工不知道耳朵长在哪里，明明已经当成‘急件’交办下去的事情，却还是拖上一个多星期，才零零落落地交上来，骂也没有用！”在企业高层管理者心目中的急件，可能是代表希望部属能当日交出或至少隔天就能看到的结果，但对于许多时间概念比较迟缓、生活步调与个性较悠闲的员工来说，一个星期能完成，可能已经是够快的了。这从一个侧面也反映了企业高层管理者与员工沟通有问题。

员工无法完成任务，除了员工本身的原因，有时候工作中所呈现的沟通不良状况，很大一部分问题出在企业高层管理者身上。领导员工固然不易，而一旦沟通出问题，影响的不仅是工作结果，更重要的是你很可能会急躁、生气、愤怒，再次与员工沟通时态度或许就好不起来。

如何领导你的员工，如何更好地与他们沟通呢？其实，善待比苛责别人所花的力气少很多，但收效更佳。有些基层管理者喜欢跟部属竞争，总是在自己上司面前，表现出自己的想法有多好，工作失败都是部属平庸无能，等等。然而请想想：企业高层管理者的工作本来就是分配、领导而非执行，今天你能坐上这个位置，当然是因为你的能力比员工强，又何必跟部属竞争呢？所以，邀功诿过，将错误推给员工，无疑是暴露自己管理能力的缺陷。这样一来非但你的员工不可能再用心做事（反正不管我再怎么努力，功劳永远都是上司的），而你的领导，也会觉得你的领导能力有问题，对你绝不会放心。身为企业高层管理者，要能营造出一个激励的环境。工作小组的成就，是来自于大家的配合与努力，管理者要适时为表现良好的员工争取福利。如此一来，你的部属也将不吝于在他人面前称赞你的管理能力，并更加愿意服从领导。

即使这件事是因为部属的错误造成的，身为企业高层管理者还是要勇于担当。这会让员工觉得你胸怀宽广，以后做事就会更加卖力。

很少有人会是天生的领导者，大部分人的领导能力都是后天训练的。沟通，就像一座“灯塔”，能够指引员工前进。通过与成功的领导者的对比和学习，仔细比较他们之间为人处世、领导风格上的差异，从而加以改进。久而久之，自然琢磨出属于自己的领导风格，从而形成自己的领导魅力。

第三节　如何提升下属的执行力

为了提高高层领导的执行力，高层执行者必须要学会提升下属的执行力，那怎么样才能提升下属的执行力呢？我们可以从以下几个方面来提高下属的执行力。

一、激发员工内在的最大潜力

在一些企业里，执行力很弱的原因：就在于管理者缺乏激情，没能常抓不懈，对公司出台的各项方针政策和管理制度的执行不能始终如一地坚持，虎头蛇尾，导致即使有好的规定、制度也得不到有效执行。

在信息科技发达，全球经济贸易一体化进程大大推动的今天，国际、国内多数的大企业、跨国企业的高层领导者们都有宏大的战略目标和规划，有的成功了，有的却一败涂地，失败了还不知道原因。原因就是他们进入了领导理论的一个误区，他们所制定的战略目标和规划没有得到很好的执行，或者说没有得到有效的理解和执行，没有去激发员工内心最大的潜力。

可以说，企业的不成功不是缺乏制度，不是缺乏资金，不是缺乏产品，不是缺乏发展战略，而是缺乏持之以恒的执行力。

一个企业高层管理者，首先必须是个激情者，企业高层管理者要把传递给员工的激情落实到行动上去，使整个团队兴奋地全身投入到他们的工作中；只有激情融化为较强的执行力，才会让点燃的激情释放出更大的能量。只要满怀激情、坚持不懈地去做，一切困难都会迎刃而解。许多事情，长期坚持了，结果自然就出来了，企业高层领导者没有必要惧怕不会做，做不好，最主要的是要坚持做。

执行在于一以贯之，贵在坚持，常抓不懈，贯彻到底。在执行过程中，遇见一个困难解决一个困难，坚定决心，坚持不懈地做下去，最终总能到达目的地。

二、把握成功分配工作的因素

一般人通常认为：企业的高层经营管理者不应管细节问题，而只要把握企业的主干——生产、经营和销售等方面的大原则就可以了，各种具体的细节问题应完全放手让部属去干即可。其实这是一种有欠缺的管理方法，卓越的企业高层领导人从来不会对细节问题撒手不顾，反而在适当之时会对它追根究底。

美国国际电话电报公司行政负责人哈罗德·吉宁就是这么一个杰出的企业高层领导者。他在美国高层管理界颇负盛名。他的名字常与“天才的、雄心勃勃的、坚韧不拔的、有力的、苛求的、成功的”这样一些词联系在一起。

“苛求的”吉宁对“力求掌握事实”几乎达到了着魔的地步，但这恰是他的管理方法的基本内核和他取得成功的关键。他有一丝不差的记忆力和速读能力，能完整准确地回忆起几年前下属提出的一项资本要求和预定目标。吉宁喜欢亲手掌握原始数据，不愿让他的职员把材料提得太精练。他曾经说：“有许多事不需要我知道，可是在事后我要知道这是怎么回事。”吉宁发现问题时，会很快地行动起来并要求介绍详细情况，以便及时解决。他的一位行政主管说过："在国际电话电报公司由吉宁解决的问题——有许多是小问题——比其他任何一家大公司都要多。"

也许有人要说这种管理方法太烦琐了，其实不是这样。正是由于吉宁持之以恒追求"确凿事实"、严谨的工作作风和细致的办事原则，才能使该公司的销售额与资产的比率得到了大幅提升。这些功绩虽然得靠全体雇员的共同努力，但在相当程度上得益于吉宁严谨细致的管理方法。他不仅把公司规模扩大了10倍，而且把它变成了一台协调有效的机器。他自己则成了《美国的10个最强硬的经理》一书中的典型。

可见，作为一个公司的高层领导和管理者，宏观调控固然需要，但微观掌握更不可少。

三、权力责任制

一个人的能力毕竟是有限的，就算一个企业高层管理者每天工作很努力，最终也会因精力不济而顾此失彼。结果，你每日叫苦不迭地"忙"，员工们闲得百般无聊，工作缺乏动力和责任心，变得越来越没有执行力……

"无权不揽，有事必废。"一个不愿授权，什么都干的管理者什么都干不好。

一个企业高层管理者，能知道如何授权，就能走向成功。而一个不知道如何授权的管理者，下场是活活累死；如果不知道何时授权，会被活活气死；如果再不知道授权给什么人，肯定会被活活急死。

杰出的企业高层管理者能够比其他人更早地感觉到管理角色的变迁。应该说，他们懂得经济时代的管理不再是“做事”的方法，而是“让人做事”的艺术。

管理学家柯维说得好：“只有彻底改变事必躬亲的习惯，有效授权，才能从‘问题解决’转换为执行力的‘管理者’。”

四、培养有执行能力的下属

通用电气公司首席执行官杰克·韦尔奇说：“我们所能做的事就是以我们所挑选的人打赌。因此，我的全部工作就是挑准人。”他不是在开玩笑，韦尔奇亲自对谋求通用电气公司500个最高职位的人进行了面谈。在全球最受赞赏的公司的主管中，能做到这一步的几乎没有第二人。

经调查发现：只要有效地利用核心员工，对他们进行充分授权后，激励他们发挥潜力去实现企业目标，他们完全可以长期高效地为企业创造更多价值。一个优秀的企业高层领导者，必然会根据不同人的特点，有计划地培养企业的中层执行者，把企业文化落实到每一个中层执行者的行为中去。

一流公司应该清楚地知道他们需要什么样的人才，最受赞赏的公司不仅看求职者写的个人简历，更要对他们进行严格的心理测试。例如，联邦快递公司看重的是该公司所说的“敢于冒险的精神和坚持信念的勇气”。宝洁公司的方针则是聘用优秀的年轻人，然后在长期的工作中加以培养，因此，约翰·佩柏首席执行官亲自去大学挑选他所说的“我们未来的新鲜血液”。

如果想要获得优秀人才，那就首先必须使自己干得优秀。

培养下属也一样。成功有助于吸引优秀人才——优秀人才又为取得新的成功创造了条件，这是不言而喻的，事实也确实如此。

很多成功企业的高层管理者对企业宗旨非常重视，在培养下属的过程中也希望他们能这样做。企业宗旨常被一些人视为陈词滥调，但很多优秀的企业家却高度重视企业宗旨的作用。GE公司对它的基本准则的表述简单直白，它以清楚明确的几条——简明扼要，一张皮夹大小的卡片便可写下——使所有的人朝着同一个方向努力。企业的核心人员应该是企业的象征，就更要严格按照企业宗旨行事。

第三章

执行在中层：责任使人进步

第一节　提升中层执行力的方法

中层执行者在组织中是一个承上启下的角色，上层的决策、指令一般要通过中层往下执行，执行是中层人员的本职工作，中层人员的执行是指把上级领导乃至部门主管的工作意图、决策亲自实施并带领下一级（基层）人员实施的过程，中层人员执行的特点是一方面要不折不扣地贯彻上级意图和指令，另一方面还要指导下属，因此，中层人员提升自己的执行力是必要的，同时，提升自己的执行的方法也是必不可少的。

一、执行与中层的关系

1.参与上层的有关决策

2.服从上级指令

3.指导并帮助基层完成任务

4.及时向领导层反馈执行情况

5.制定切实可行的执行措施

6.贯彻落实上层决策和目标计划

7.顾全大局，避免本位主义和其他错误行为

总之，中层的执行力是一个企业执行力中最重要的一环，它是将高层的执行与基层的执行联结起来的枢纽和桥梁，一旦这个环节出故障，整个组织的执行力就会出现裂缝，执行的效果就会大打折扣。

二、把一切事情都做得最完美

无论做什么工作，都应该精通它，做到一丝不苟，把每一件事都做得完美。这其中蕴含着令人不容忽视的道理，很少人能真正体会到。这正是中层执行者做事不能善始善终的根源，它导致工作不完美，生活不快乐。

每一位老板都在寻求能精通工作、做事一丝不苟的员工。而对于中层执行者来说，应该看看自身，自己是否真的走在前进的道路上？为了对自己的工作更精通，或者为了自身更完美，或者为了公司的需要，中层执行者是否认真研读过专业方面的书籍？

中层执行者是否像画家仔细研究绘画技巧一样，仔细研究过工作领域中的各个细节？

在自己的工作领域内，中层执行者是否做到了尽职尽责？如果不能意识到自己的不足之处，并且不能努力加以改正的话，就往往无法得到一份令人满意的工作。

懂得如何做好一件事，比什么事都懂得一点儿表面，但什么

事都做不好要强得多。对很多事情都只懂一点儿皮毛，而导致自己的失败，又怎么能去责备他人、责备公司呢？现在，最需要做到的就是“精通”二字。

作为一位中层执行者，要培养一丝不苟的敬业精神和严谨的工作作风，培养超凡的能力；它既能带领普通人往好的方向前进，又能鼓舞优秀的人追求卓越。

能处处以主动尽职的态度工作，即使从事最平庸的职业，也能为个人和公司增添价值与荣耀。

三、不要让环境声势左右自己的脚步

一旦成了中层执行者，你的工作就会有所不同。

下属为某一任务而工作时相对来讲不会被分散注意力。而中层执行者的一天充满了电话、会议、解决问题、做决定的要求、恼人的推销员、紧急情况、员工要求、投诉、咨询管理层、解决争议以及其他各种事务，这些事务似乎都干扰了你的工作。

中层执行者必须学习的一件事就是，这些干扰正是你的工作。中层执行者的责任就是要处理这些细节。

不过，你是否遇到了太多的干扰？也许你在无意识中鼓励了这些干扰的产生。许多中层执行者之所以被打扰就因为他们允许自己被打扰。你是否属于这一类中层执行者？用以下方法可以找出答案：

1.你是否让自己办公室的门敞开着，并允许任何员工不经通报就走进来？好了，别再这么容易接近了。你这是在允许别人设定你的日程表，你可以每天安排一个特定的时间来见员工。

2.你是否接待每一位找上门的恼人的推销员？停止这些行为。要求这些推销员做特别预约，只有当你对某人提供的产品或服务感兴趣时，再接待此人。

3.你是否被那些骚扰电话气疯了？你是否经常接听电话，以至打断了你手头的工作？让电话录音为你挡驾吧！仔细审查过这些留言，再回那些你愿意回的电话。

4.你是否容忍别人的问题变成你自己的问题？怪不得你老是被打扰！你应该像选择朋友一样小心谨慎地选出你愿意解决的问题。

5.你是否参加那些你并不感兴趣的会议？你怎么会待在那儿呢？赶快离开你的座位回到你的部门中去吧！

6.你是否受骗上当去为那些议程含糊不清、毫无意义的委员会服务，而这一行为对你部门的任务无关紧要。

7.你是否拒绝把责任分派出去？如果部门中每个人都必须让你做决定，你当然就得饱受干扰了。你还指望会有什么结果呢？

8.你是否把自己置于过于重要的地位？如果你事事亲力亲为，觉得什么也少不得你的监督，那么你当然就会不断地被打扰了。

别再用以上行为纵容他人对你的打扰了，当然，干扰不可能完全消除，因为正如前面指出的，它们是中层执行者的一部分。

既然许多干扰是不可避免的，那么那些重要的、不容许分散注意力的计划又如何完成呢？例如，高层执行者要求你在下周五之前交一份报告。办公室里一团糟，似乎根本没法按照要求完成任务。不过你可以尝试以下办法：

1.早早来到办公室，或者晚上加班来做这份报告，你当然也可以回家准备这份报告。

2.白天，把你办公室的门关上并锁上，拒绝接听任何电话或约见任何人，然后废寝忘食地准备那份报告。每两个小时出一次办公室，迅速处理完有关问题后，再一头扎回你的庇护所。下属们很快就会熟悉这种节奏并根据它来调整自己的时间表。

3.分权。当你着手准备那份报告时，让部门中其他员工处理那些日常问题。

4.消失。彻底从众人面前蒸发掉。在会议室、咖啡厅、附近的咖啡馆或办公楼里等其他地方完成你的报告，只有少数人知道你会在那里出现。

5.根本就不做这份报告。让你的助手完成它，而同时你自己去处理日常事务并管理整个部门，只要检查结果就可以了。

四、事外想事，事内干事

所谓事内干事，就是首先要把自己负责的事情管好，干出业绩来。所谓事外想事，是指手里干事时，别忘了眼睛要盯着全局考虑问题、提出见解。这样，你就自然与众不同。

有些时机，作为一位中层执行者，你如果不及时抓住，就会被别人抢先抓去。因为任何一个企业或企业中的一个部门，为了自身的存在，都在寻觅有利的战机。当大家都发现了这个战机时，快者胜，勇者胜。不过，要想抢先抓住大家共同发现的战机，必定要付出极大的代价，否则不会先于竞争对手。正如一批选手站在同一起跑线上，拼命奔跑，都想第一个到达终点一样。所以，高超的中层执行者，应该在别人尚未发现目标之前迅速地捕捉到它。

有些战机，一晃即逝，若不能及时抓住，则会永无补救之时。对于这种战机，你必须对其性质进行反复分析，针对战机的特点采取相应对策。

对于那些“千载难逢”的战机，一要能及时抓到，二要能最有效地利用。

第二节　提高中层的用人艺术

说到底，不管是高层领导还是中层执行者，其执行艺术不管如何高明，其本质都落实到用人管人上，用对人，开展工作便得心应手；用错人，执行起来便处处犯难。把人管顺了，士气高昂；没把人管好，情绪低落。因此，用人之道是中层执行者必须娴熟于心的基本功。

中层执行者用人管人应该从基础做起，从人才的选拔、培养和使用一步步来改善自己用人管人的艺术，这样，才会使自己的执行有应用的空间，才能够为自己进一步发展打下坚实的基础。

一、挑选人才的标准

中层执行者对选才用人必须根据一定的标准进行。所谓选才用人的标准，就是衡量被选者是否属于合格人才的标尺或准则。其具体内容简而言之，就是德才兼备。符合现代化社会要求的德才兼备的合格人才，起码要具备以下三个标准：

1.年轻化

年轻化主要是指挑选出的人才应当年富力强，精力充沛，能够担任繁重的工作。另外，年轻人精力充沛，工作热情高，富于创新精神。在经济全球化的现代社会，更能担负起开创新局面的繁重任务。

2.知识化

知识化就是要求挑选出的人才必须掌握一定的现代科学文化知识。在经济全球化的浪潮中，能否掌握和运用现代科学文化知识，是企业生存和发展的一个关键。

中层执行者在挑选人才时，应把学历和学习成绩同工作经历、工作成绩一样作为重要依据，因为一个人的学历和学习成绩是一个人是否具有知识和知识多少的表现之一。

3.专业化

专业化就是要求企业的各成员都至少具有本行业一定的专业知识和工作能力。要充分发挥专业人才的作用，合理使用配备有专业知识的下属成员。只有工作热情，没有专业知识，工作抓不住关键，就做不出应有的成绩。不懂业务，在那里瞎忙，更会造成公司的危害。因此，为了顺利实现企业的管理目标，一方面应该选拔一批专业技术人才充实到管理组织层面；另一方面应该鼓励和组织各下属成员努力学习专业技术，使其尽快成为组织的生产技术骨干。

中层执行者在考察识别人才的原则，也可称之为知人识人的原则，它是中层执行者考察识别人才的基本准则。在考察识别人才的过程中，这种原则对中层执行者的行动起着指导的作用。知人识人原则的基本内容有以下几点：

1.察言观行，以行为主

在挑选识别人才时，既要察其言，也要观其行，但主要应该观其行。一个人的道德品质和智慧才能，总是要通过一定的方式表现出来。归纳起来，不外乎两大类：一类是言语，一类是行为。而在这两大类中，最重要的又是行为。有的人善于花言巧语，能说会道，表面看上去聪明过人，但观其行，发现其或者两面三刀，或者无所作为。一旦使用这种人，对企业破坏极大。相反，有的人不善言辞，但工作勤勤恳恳，且善于动脑筋，长于创造发明，工作有成绩，事业有成就，这种人是真正的实干家，在挑选时，一定不能漏选。

2.考察历史与现实相结合，以现实为主

为了正确、全面地识别人才，中层执行者在挑选人才时，有必要对挑选对象的全部工作情况和表现，包括过去的和现在的工作情况和表现做一个全面深入的考察。一个人过去的工作情况和表现，是其德才在过去的表现。然而，人又是发展的，过去好不等于现在好，过去不行也不等于现在不行。因此，中层执行者不仅要考察人才的过去，更要特别注意考察最近的工作情况和现实表现。在考察人才时，对历史的考察主要是起参照作用，而决定一个人是否为人才的关键因素是人的现实表现。因此，这一原则就是要求中层执行者用全面的、发展的眼光去考察、识别人才。

（1）实事求是，忌走极端

（2）以考察长处为主

3.个别考察与组织成员评议相结合，以组织成员评议为主

（1）个别考察

个别考察，即对人才进行一一的考察，对每个成员写出组织鉴定或决定是否能入选。

（2）通过企业成员对人才进行评价

可以通过在企业中，进行民意测验的方式进行。但是，在具体操作中，应该两条途径并用，并以企业成员评议为主。

4.长处、短处均看，但以长处为主

“金无足赤，人无完人。”中层执行者如果认为既然是人才，就不应该有缺点；或者说既然某人有缺点，就不可能成为人才，这都是错误的。在考察识别人才时，对其优点要认识够，对其缺点要认识透。只有这样才能全面、公正地认识人才。

二、因人而异，量才适用

对一个人来说，性情于人也许是天生的。但作为中层执行者却能够“巧夺天工”地运用他，使之能够既显其能，又避其短。

下列的方法就是这方面用人的经验：

（1）性格刚强却粗心的人，不能深入细致地探求道理，因此他在论述大道理时，就显得广博高远，但在分辨细微的道理时就失之于粗略疏忽。此种人可委托其做大事。

（2）性格倔强的人，不能屈服退让，谈论法规与职责时，他能约束自己并做到公正，但说到变通，他就显得乖张顽固，与他人格格不入。此种人可委托其从事规章制度执行的工作。

（3）性格坚定又有点韧劲的人，喜欢实事求是，因此他能把细微的道理揭示得明白透彻，但涉及大道理时，他的论述就过于直露单薄。此种人可让他具体办点事。

（4）能言善辩的人，辞令丰富、反应敏锐，在推究人事情况时，见地精妙而深刻，但一涉及根本问题，他就说不周全、容易遗漏。此种人可让其做谋略之事。

（5）随波逐流的人不善于深思，当他安排关系的亲疏远近时，能做到有豁达博大的情怀，但是当归纳事物的要点时，他的观点就疏于散漫，说不清楚问题的关键所在。这种人就让他做小部门主管。

（6）见解浅薄的人，不能提出深刻的问题，当听别人论辩时，由于思考的深度有限，他很容易满足，但是要他去核实精微的道理，他却反复犹豫，没有把握。这种人不可大用。

（7）宽宏大量的人思维不敏捷，谈论仁义道德时，他的知识广博，谈吐文雅，仪态悠闲，但要他去紧跟形势，他就会因为行动迟缓而跟不上。这种人可用他去带动下属的行为举止。

（8）温柔和顺的人缺乏强盛的气势，他去体会和研究道理就会非常顺利通畅，但要他去分析疑难问题，就会拖泥带水，一点儿也不干净利索。这种人可委托他执行上级意图办事。

（9）喜欢标新立异的人潇洒超脱，喜欢追求新奇的东西，在制定锦囊妙计时，他卓越出众的能力就显露出来了，但要他清静无为，却会发现他办事不合常理又容易遗漏。这种人可从事企业开创性工作。

（10）性格正直的人缺点在于好斥责别人而不留情面；性格刚强的人缺点在于过分严厉；性格温和的人缺点在于过分软弱；性格耿直的人缺点在于拘谨。这四种人的性格特点都要主动加以克服。所以可将他们安排在一起，借以取长补短。

（11）个性突出，缺点、弱点明显的能人，一是用长。长处显示出来了，弱点便被克制，也容易得到克服。二是做好思想和情感沟通的工作。一年里谈几次话，肯定成绩，指出问题，沟通感情，使他们感到领导的关心和理解，自己也会兢兢业业。三是放开一点儿，采取忍的办法。不要老是盯住他，而是给他留有一定的余地，帮助也只是在大事上、在关键性的问题上。否则，束缚住手脚就很难有所作为。

（12）对表现比较好的人，一是用他的长处，使他用自己的实绩显示自我。二是用人才互补结构弥补他的短处，保证他的长处得以发挥。

（13）表现一般的人，给其在他人面前表现自己的机会，求得别人的信任和自己的心理平衡。也要注意鼓励他们用自己的行动证明自己的能力。

（14）表现较差的人，可以给他们略超过自己能力的任务，使他们得到成功体验，建立起可以不比人差的信心，同时注意肯定他们的长处，一点点启动起来。

（15）有能力、有经验、有头脑的人，可以采取以目标管理为主的方式。在目标、任务确定的情况下，尽量让他们自己选择措施、方法和手段，自己控制自己的行为过程。还可适当扩大他们的自主权，给他们回旋的余地和发展的空间。

（16）能力较弱、经验较少、点子不多的人，可以采取以过程管理为主的方式。用规程、制度、纪律等控制他们的行为过程；或用传帮带的方式，使他们逐渐积累经验，提高能力。

（17）有特殊才能的人，一定要尽可能给他们最好的条件和待遇，特殊人才，特殊待遇，这是大家应该遵守的原则。他们之中有的人并不是安分者，可能有这样那样的毛病和问题，以致很不好管理。对此大家不只是要容忍，而且应该做好周围人们的工作，以便使他们能够集中精力发挥长处和优势。在特殊的情况下，还应该放宽对他们的纪律约束和制度管理，甚至采取明里掩盖、暗中支持的办法。

（18）有很强能力的人，可采取多调几个岗位、单位的办法，既能够让他们发挥多方面的、更大的作用，又可以调动他们乐于贡献、多出成绩的积极性。

（19）年轻又有能力的人，则应该给几个轻便的台阶，让他们尽快地负起更大的责任。如果有可能，可以为他们创造条件，让他们去创办新的事业。

（20）被压住了的能人，一个办法是把他们调出去，给他们显示自己本领的机会，也给他们从另外的角度审视自己的空间。等有了成绩，被公众认可，在必要时就可以调回来加以任用。另一个办法是把压他们的人调开，让能人上来。这都要根据具体情况决定。

（21）尚未被认可的能人，一是采取逐渐渗透的办法，让人们逐渐认识他们的长处和成果。二是给机会显示其才能，以实绩让人们信服。

（22）跟自己亲近的能人，一是调离自己的身边，让其显示自己的才干。好处是，因为和自己的关系好，到底是不是能人还可以再看；真正有能力，别人也会服气。二是采取外冷内热的办法严格要求，使他们不依靠领导，而是依靠自己，不断地求得发展。

三、用人不疑

中层执行者必须借用别人的能力来完成自己的目标。因为领导者不是万能的，与人类博大的知识、经验、能力的汇集总和相比，任何伟大的天才都不及格。中层执行者个人的力量总是有限的，单枪匹马是完不成伟大事业的，必须依靠集体的智慧和力量。还因为任何组织的工作都不是单一的，尤其现代社会，分工很细，不同的工作需要不同的人才。

今天，用人不疑的原则，对于中层执行者从事企业建设，意义更为重大。中层执行者如果不信任人，就不会真正做到放心、放手、放权。而人和人之间是“心有灵犀一点通”的。他知道你不信任他，他也就不敢或不愿认真努力工作了。到头来，既害了事业，又害了自己。

第三节　如何提升下属的执行力

我们说领导是战略执行最主要的主体，这并非说领导事必躬亲。作为中层执行人员必须重视对下属执行力的培养，执行力的提升应该是整个企业范围内的事情，而不是领导的专利，但领导在其中所起的作用非常巨大，他就像一个火车头，有意识地对企业进行引导，从而使执行成为一个企业的核心元素，中层执行人员如何提升下属的执行力，是企业总体执行力提升的关键。

一、向下属布置工作

在实际生活中，常常可以看到这样的中层执行者，他对一个新来的干部，首先表示欢迎他到这个单位来工作。然后让他与原有的人见见面，向他简单介绍几句本单位的情况。再后，三言两语交代一下他做什么工作。最后，就扔下他不管了。另有一些中层执行者在布置工作时，常常犯一种毛病，就是从来不明确地告诉下属干什么、怎么干，他以为自己了解和掌握的东西，下属也应该懂得。或是有意识地不向下属交底，放任不管，而当下属的工作没有达到他所要求的标准时，他就批评一顿。这些做法都是不当的。中层执行者向下级布置工作的正确做法应当是：

1.任务与职能相称

这里有两层意思：一是你所分配给下属的任务应当是他职责范围之内的，是属于他岗位责任制范围之内的事，而不能把本应属于上层的事交给下一层去干，把下一层的事交给上一层去干，或是把本应由甲完成的任务让乙去做，乙的事让甲去做。如果那样乱摊乱派，势必搞乱层次，扰乱工作秩序，使人无所适从。当然，一些特殊情况下的特殊任务，也需要临时交代，但不能太多，特殊情况一过，还应当各司其职，各负其责。二是所分配的任务要与他的能力相一致，有大能力的人就多分配给他重的活。让能力强，水平高的人去干简单的活，既浪费了人才，还会使他心情不舒畅，认为中层执行者瞧不起他，重要的事不让他去做；如果让能力差、水平低的人去完成复杂、艰巨的任务，不仅容易误事，而且执行任务的人也有反感，认为中层执行者是故意找麻烦，强人所难。此外，在工作量上也要考虑，工作交代得太多，会使他感到承担不了，太少又使他感到英雄无用武之地。

2.交代必须明确

在布置工作时，中层执行者以下各项应当一目了然：①什么任务，属什么性质，有什么意义；②应达到什么样的目标和效果；③什么时候完成；④向谁请示汇报；⑤应遵循哪些政策原则；⑥执行任务者在人、财、物和处理问题方面有哪些权力；⑦步骤途径和方法是什么；⑧可能出现哪些情况，需要注意什么问题。

当然，以上各项要因人因事而异。重要的事就要交代得严肃、明确、具体，简单的事就可以粗略一些；对于头脑聪明、经验丰富、一点就透的人，可以简明扼要，不必耳提面命，啰啰唆唆；对于新手和能力差的人，要尽可能把想到的东西都告诉他，使他少走弯路。

3.要同下属商量

下达指令、布置任务之前，自然要有充分准备，把问题想得周密些。但在向下属交代的时候，还是应当抱着商量的态度。对于自己感到不太有把握的意见，要虚心向下属征询，如果下属的意见有道理，就要及时采纳。即使对于自己的设想感到很有把握，也要善于启发下属动脑筋、提看法，以便使指令更完善、更切合实际；如果中层执行者没有什么意见可提供，可以通过适当地问话，来检验一下他对指令是否充分理解了，是否变成了自己的思想；对于那些执行者有权随机处理的细枝末节，则不必过多纠缠、议论不休，以免束缚下属的手脚。所以，在一般情况下，不要形成中层执行者居高临下，员工俯首听命、机械服从的僵硬气氛。事实证明：在布置任务时只有对下属抱着信任、尊重、平等、虚心的态度，下属才容易理解，乐于接受，也才能更好地执行。

二、向下属授权

1.哪些应该授权

因为情况千变万化，对于决定哪些工作可以授权而言，没有普遍的标准。然而，下面的这些指导方针和例子将帮助中层执行者在分析你自己的具体情况时做出决定。

（1）授权那些经常性、必须要做的事情。

作为一名中层执行者，这些工作你已经做了很多遍，并且是公司例行规定的主要任务，你对它们了如指掌，知道这些工作关键所在、所具有的特性以及具体操作的细节，它们是最容易授权的工作。因为你很熟悉它们，所以，你能很容易地解释清楚，然后把它们委托给下属去做。

（2）授权“职业爱好”。

某位销售经理已经连续几年参加了在芝加哥举行的一个商业展销会，他已经把这个任务视为和旧友见面的机会，而实际上他已经不需要再亲临那个展销会了，因为他手下的任何一个销售代表去也能取得同样的工作成效，这些工作早就应该让他们去做，他没有交出去是因为他觉得这些工作对自己来说太富有趣味性了。这些想法是错误的，当然他自己保留一两个也可以，但是至少要意识到它们的特征：简单、有趣，而有其他人比他更能胜任这份工作。把自己最感兴趣的工作分配给其他人可能看起来是荒谬的，然而正是这些工作让你流连忘返却不足以体现出你所付出的时间和精力的价值。

（3）授权发展机会。

作为中层执行者，你首要的职责是给予你的团队成员良好的发展机会，达到这一目标的好方法是将恰当的任务分配给恰当的人。你清楚你的工作，也了解某些任务能使团队成员获得进步，那么，你就应该给予他们发展的机会。

（4）授权专业性强的事情。

有些时候你需要将一些日常工作交给律师、会计、税务经理等专业人士或其他临时性的“超负荷”下属。要让你的需要与下属技能相适应，利用他们的才能，你可以将精力花在更有效的方面。

2.哪些不应该授权

虽然多数中层执行者都错在授权不足，但还是有个别的中层执行者错在授权过度，有些工作是完全不能授权的。比如，下面几项工作是不宜授权的：

（1）作为中层执行者，你的上级领导分配给你亲自做的事情。

你的上级领导叫你亲自做一件事情通常会有他特殊的理由，如果你坚定地认为将它授权给你的一个员工去做更为合适的话，先和你的上级领导商量一下，弄清楚他是要你做还是叫你给别人做。错误的理解可能会使你和上级领导之间产生误会。因此，对这种事要与上级领导沟通，应谨慎，千万不要自行其是。

（2）人事或机密的事务。

人事方面的决定（评估、晋升或者开除）通常来说，在公司是非常敏感的，而且往往难以做决定。一旦有些人事工作需要保守秘密，那么这项工作和职责就应该自己亲自行使。

分析你部门工作的分类和薪级范围看上去很花时间，这似乎是首先可授权的工作。但由于牵涉到很多的利益，所以应该是中层执行者自己做的工作，不适合授权。

（3）关于制定政策的事务。

作为一名中层执行者，你可以在涉及政策制定的一定范围内授权，但绝不要授权他人关于实质性的政策制定工作。政策会限制相关的决策制定。

在规定的、有限的范围内，作为中层执行者，你可以授权他人承担一些制定政策的任务。信贷经理制定总信贷政策，销售人员往往也有权在一定的金额范围内为特定的一些客户提供信贷额度。

（4）直接由你负责的下属的培养问题。

作为一名中层执行者，你的职责是去创造条件，使下属在与你共事时能使他们自己得到发展。你的下属应该在他们的成长和发展过程中得到你的帮助，他们依赖你的经验、你的判断、你对企业和它的需求的了解来辨别对他们成长有帮助的工作。这不是你该授权的工作，虽然你可以从他人那里得到一些帮助，但这是你的职责。

（5）危机问题。

危机会不可避免地发生，假如发生危机，中层执行者应亲自坐镇，制定应对方案，很多事都应该亲力亲为，这不是你该授权的时刻。当处于危急时刻，要保证自己在现场起一个领头的作用。这样，有利于稳定人心，避免事态进一步恶化，为解决问题赢得宝贵的时间。

总之，这些关于什么该授权、什么不该授权，应在实际工作中灵活掌握。它们对你决定一项任务是否该授权应该有帮助，但是，你必须具体情况具体解决。有些任务你应当授权，但遇到特殊的情况可能需要你自己去完成。例如，你可能有一项常规性任务非常适合授权，但是，你如果要授权，有可能任务不能按时完成，只有你亲自去做。

不要太小心翼翼。如果利弊似乎相当，那就大胆地授权，并监控其发展进程。如果你有些担心，你就自己多参与一点儿，但是不要停止授权。在小心地避开授权禁区的前提下，多寻找授权的机会。

三、工作沟通的妙招

一个部门工作执行得好坏，中层执行者起着决定性的作用。有人把部门中层执行者比作家长、师长和首长，这话不无道理。然而，一个中层执行者要当好这“三长”却不容易，如果你是一个合格的“三长”，就会赢得下属的称赞，让下属感到有奔头、有干劲，使企业的工作充满生机和活力。

1.多肯定，当好家长

在一个部门中，中层执行者好比一家之长，下属就好比自己的家人。家长如何对待自己的家人，恐怕是每个人都懂的道理。只有爱护下属的中层执行者，才能让下属感到单位的人文环境好，能够心情舒畅地干好工作。一是要有爱心。二是要善于“哄”。“哄”，是指多说激励的话，多说温和的话，多说肯定的话。

2.多引导，当好师长

在部门，一般来说，中层执行者的水平会比下属高一些，这样一来，中层执行者就有个当好老师的问题。部门的中层执行者要当好师长就应该像师傅对徒弟一样，有一种引导之责。这里有两点应该注意：一是善于教。二是善于解。解疑释惑，还要讲究一个“诚”字，诚挚诚恳、赤诚相待、以情动人。只有端正对下属的态度，才能使下属接受你的思想和建议。那种居高临下的说教，只能收到适得其反的效果。

3.多关怀，当好首长

中层执行者是一个部门的首长，关怀下属是其重要的工作职责，要在政治、生活等各方面关心帮助他们，解决进步需求、生活困难等方面的问题。中层执行者关心下属应该注意两点：一忌偏听偏信。二忌搞亲疏关系。

4.既要放下架子，也要拉下面子

平等、坦诚是沟通的基础。中层执行者干部做下属的思想工作，不论是一般的交流、谈话，还是了解有关情况，或是有针对性地对其说服、教育、批评、帮助，自己首先要明白一点，即相互间虽有职位高低、权力大小、角色主动与被动等差别，但在人格上是平等的。而且，无论何时何地，说话、办事一定要遵循一个“真”字，说话要说真心话，待人要用真实的感情，绝对不能说那些言不由衷的空话、大话和假话，更不要用不冷不热、矫揉造作的假感情对待下属。要在坚持原则的基础上，放下架子，去掉偏见，与下属交朋友。这样，中层执行者在说理时，就会感到情真意切，从而在和风细雨中打动受教育者的心，增强自己的工作效率。

5.既要对事，也要对人

在做思想工作时，作为中层执行者，要善于换位思考，指出对方想法中合乎情理的一面，并表示理解，这样，既体现了对他人观点的尊重，又避免了两种观点的正面冲突。比如，下属犯错误，有时是因为对个人或小集体利益考虑太多，而对他人利益和全局利益考虑欠周到。遇到这种情况，可以说："适当考虑个人利益、小集体利益是很正常的，也是合乎情理的。但是，作为中层执行者不能只考虑个人利益、小集体利益，更不能因个人利益、小集体利益而损害他人利益和全局利益。"这样去做工作，不仅客观、公正，而且合情合理、有血有肉，往往能使下属产生共鸣和共识，从而使对方在感情上接受你。这时中层执行者便可以将自己的信息（教育内容）顺利地传达给对方，以便完成思想工作任务。相反，如果一开始就拿出一些大原则和大道理，直截了当地对号入座批评下属，逼迫其听从自己，就容易使对方产生逆反心理甚至产生抵触情绪。只强调自己的体验，以为"风景这边独好"，就很难走入他人的世界。自然不易为他人所接纳。另外，领导干部在做思想工作时，只要稍微留意观察就一定能发现下属与你的共同点，如果能够将这些共同点作为谈话的切入点，不失时机地强化认同感，那么交往的境界就会焕然一新。这里最成功的标志是在谈"你"论"我"的过程中，自然地道出"我们"这两个字。认同意识一经产生并得到强化，双方便容易产生亲近感。当然，这里的“换位思考”并不等于迁就错误，坚持原则是做好思想工作的要义。

6.既要雅的，也要俗的

谈心是沟通的桥梁。作为中层执行者，谈心，不仅要把握住准确时机，而且还要语言谦和。一般在谈心时，要根据谈心对象不同的文化素养、性格特点、习惯爱好，使用不同的语言。对内向型的对象，使用的语言要柔和一些，使道理像春风化雨那样点滴入土；对直爽开朗的，要善于一针见血地指出问题；对文化层次高一点儿的，语言可以文雅一点儿，太俗气了他会觉得你不尊重他，而不愿听你谈话；对文化层次低的，语言应该平实一些，太文雅了，他会觉得你装腔作势耍弄他；对工龄长、资历深的员工，谈心时哲理可以深一点儿，引用的例子可以广一些，以理明事；对年轻识浅、思想单纯的员工可以多用些朴实、通俗的语言，深入浅出，并注意有感情、有哲理、有事例，可以讲些浅显的道理，多举一些直接经历过的事例，以事悟理。准确的语言表达在沟通中很重要，善于做思想工作的人，平时往往注重积累词汇，讲话时很注意逻辑性。注意声音的抑扬顿挫，注重言语的节奏感。

四、向下属提供重要信息

作为中层执行者，你有必要让你的下属们及时准确地了解工作领域中的消息和知识。并不是每一条消息都要传达给下属，你应该在千头万绪中筛选出真正相关的信息来，让这些有价值的信息帮助你的下属更好地决策并行动。不妨试着按以下建议做一做：

1.关心下属的工作。了解下属最新的工作进展情况，知道他们正在做什么，下一步将要做什么，遇上了什么棘手的问题。这样就能使你及时提出建议、提供帮助。也可使你留意对员工非常重要的信息，并滤去不相关的东西。

2.对听到的重要信息做好记录。你得到的大多数重要信息不一定是以书面的形式存在的，而是从片言只语、会议或餐桌上的见闻中得来的。如果没有将这些信息记录下来，你肯定会忘记向员工们传达，或者是当你想起来时为时已晚。

3.养成将重要的通信与文章发给下属的习惯。你可以建立一个集中的通信文档，让部门内的每一个人都能查阅，并且定期地把更为重要的信息转发给每个员工。文件栏内的其他信息也有值得下传的——产品发布会、与本部门相关的其他部门的文件、重要的内部管理决策通报等。

总之，向下属传递重要信息是你和下属之间沟通的重要一环，因为重要信息的隔绝而使下属处于窘境，这永远是中层执行者的错误，也是与下属沟通中的误区。

有时候，中层执行者说话不能直来直去，要懂得迂回、暗示的作用，这样既没有伤害下属的自尊心，也不显得自己的谈话技巧单一，因为和下属之间的谈话，有时候并不能说破、说穿，只要点到为止即可。

当中层执行者要向下属传达一种信息，而这种信息又只可意会不能言传的时候，暗示便派上了用场。比如，当下属向领导申诉住房困难需要照顾时，中层执行者可以暗示：按照条件，可以分到房子，但方案没有最后敲定。

使用任务式的命令法，你可以管好下属，使他尽力发挥自己的创意，把命令执行得超出你的意料之外。

第四章

执行在基层：没有基层执行力，一切都是空想

第一节　时间效率——提升执行之关键

随着生命节奏的加快，时间也突然由悠闲地踱步变成匆匆地急行军。实际上，人对时间的体验也遵循相对论，而不是一分一秒均匀流逝，一旦进入执行中，时间就成了提升执行之关键。

一、时间意识

时间就是生命本身，再强调它的价值也不为过。对于时间的重要性，员工的体会一定很深刻，大部分人都应该会有如此的感慨：就在不知不觉的上下班中，一周又一周飞逝而过。的确，员工们的时间单位不是以小时、天为单位计算的，倏忽而过的一周才是他们可以清晰感知到的时间概念。

尽管员工们每天花在工作中的时间往往超过8小时，可是一生当中累积起来却只有不到20%。在这不到20%的工作时间里，你需要为自己的一生积攒下必需的生活资料，小到一日三餐，大

到买房照顾家人。正常情况下，付出与回报是大体成正比的。当然，衡量付出的可不仅仅是投入的工作时间。人的精力有限，因而每个人花在工作上的时间大体是相当的，而收获却大不一样，差异显然在于不同的工作效能。时间对于每个人都是公平的，没有人可以享受一天25小时的特权。人们强调要珍惜时间，说的其实就是要提高工作效能。

虽然大家无法挽留时间，但大家可以控制时间的“流向”，员工们通过有效地时间管理，让时光流向有意义的地方。

二、控制时间的流向

在每个企业中，会议、接听电话等几个方面会吞噬员工大量的时间。所以，我们一定要掌握时间流向控制的技巧。

1.不好意思说“不”时

当有人带着痛苦的表情向大家陈述他的遭遇，并寻求大家的援手时，或许大家根本就不知道怎样说“不”，因为大家会担忧伤了别人的心。但也往往因为这样的心理陷阱，导致我们工作的进度因此而落后，那么，到底有什么方法能让大家避免这种情况的发生呢？

（1）大家应采取比较肯定的态度，明确地告诉对方，是否能等到你把必须完成的事情办妥后，再好好跟对方详谈或提供解决的意见。

（2）大家能提供其他可能帮得上忙的人选，让对方与之沟通，如此，或能避免不能说“不”的尴尬。

（3）设法让对方了解到自己实在太忙了，或者不要觉得有罪恶感地直接说“不”。

2.不期而至的和不希望见到的来访者

不期而至的来访者会给任何日程安排造成混乱。你当然想平易近人，但应该是为了你自己，而不是别人。

为其他员工制定日程安排方面的规章是很容易的，让人们可以在某些特定的时间内能够见到你，让其他员工知道这些时间是什么。在其他时间里不允许有人打扰，除非出现紧急情况。这些员工很快就会适应你的时间安排。

3.不相干的电话

应付那些不受欢迎的电话干扰，原则与应付不速之客的道理一样，就是要让他们感受到你的工作非常忙碌，如果不速之客还是不能尊重大家的时间，至少大家可以让他们了解，大家现在想挂掉电话了。

三、旋转时间管理的魔方

时间效率，对于一个员工来说，把握时间的流向，学会旋转时间的魔方，这样才对个人执行力的提高起到一定的作用，要学会旋转时间的魔方，必须从以下几个方面着手：

1.80/20定律

用你80％的时间来做20%最重要的事情，因此，对于一个员工来说，一定要了解，对你来说，哪些事情是最重要的、是最有生产力的。事有轻重缓急，然而到底应重点、优先做哪些事情，却需要你自己判断。

2.每天腾出思考时间

每天至少要留给自己半小时到1小时的“不被干扰”的时间，在这些时间里，可以依照当日的工作安排把工作思路再整理一下，或者在中途停下来反思一下自己做得对不对、还有没有更好的方法。

3.一次就做完

同一类的事情最好一次把它做完。假如你在做纸上作业，那段时间就都做纸上作业；假如你是在思考，那么索性把这一天需要思考的内容都检阅一遍；需要打电话时，最好把电话累积到某一时间一次打完。当你重复做一件事情时，你会熟能生巧，效率一定会提高。

4.做好“时间日志”

时间日志的作用不言而喻，作为一位员工它不仅让你更珍惜时间，提醒你注意办事效率，还能在你忙得失去头绪的时候给你最清晰的指点。你花了多少时间在哪些事情，把它详细地记录下来，从你苏醒的那一刻开始，对一整天行踪做一番有条理的跟踪报道。以事件为单位，着重记录花在每件事情上的时间，并可简约描述你办事的过程。一天做了哪些事，浪费了多少时间，哪些时间办事效率比较高，哪些时间适合做机械性的事务，时间日志都有详细记载。长期坚持下来，你就对自己的工作能力和工作方法有比较全面的了解，可为今后改进方法，制订适合自己的工作计划打下坚实基础。

四、有效管理时间的四个步骤

对于一个公司的员工，有效的时间管理一般都要遵循以下四个步骤：

1.列出工作事项，按照重要性原则排出事项的次序。

2.制定每一工作事项的完成时间和计划。

3.转变为行事月历——计划层面。

4.拟定待办单，并予执行——执行层面。

第二节　创造性思维——提升执行之利器

对于许多号令执行力和制度执行力比较强的企业，尤其是已经取得一定竞争优势和市场强势地位的企业，需要通过创新执行力来不断提升企业的经营优势。

创新执行力需要企业员工能够突破现有的执行状况，根据企业和行业发展的具体特点，对原有的企业运营模式进行重新思考，进一步发展适合企业的新的运营模式，以维持企业在行业中的长久竞争力。

一、提高员工的创造性思维能力

1.系统思维

系统思维要求整体地、动态地、本质地思考问题。

在企业执行中，所谓的系统思维，就是要员工站在全局的、发展的高度，按照科学发展观的要求，用全面、协调、可持续和统筹兼顾的方法，对问题进行全面准确的分析、把握和执行。

一是要整体地思考。例如对经济发展问题、安全生产问题、改革改制问题等，都要从主客观条件、外部原因和内部原因等多方面进行思考，以从整体上做出符合客观实际的判断和结论。

二是要动态地思考。员工们要认识到变是绝对的，不变是相对的。今天的困难不能代表明天的失败，今天的成绩也不能代表明天的胜利。学会动态思考的目的，是把困难看作希望，把获取利益的过程看作是向风险挑战的过程，想尽办法克服困难，规避风险，从胜利走向更大的胜利。

三是要本质地思考。本质是事物的根本内在联系。本质常常被假象所掩盖，只有拨开迷雾才能见到太阳。因此要抓住事物的本质，必须做好拨云驱雾的工作，即透过现象看本质。

2.逆向思维

逆向思维是一种启发员工智力的方式，它有悖于员工通常的思维习惯，而正是这一特点，动用逆向思维可以使得许多靠正常思维不能解决或者难于解决的问题迎刃而解。而一些正常思维能解决的问题，在它的参与下，解决过程可以大大简化，执行效率可以成倍提高。正向思维和逆向思维就像分析的一对翅膀，不可或缺。习惯于正向思维的员工一旦得到了逆向思维的帮助，就像战争的统帅得到了一支奇兵。可以说，逆向思维是个人通往成功之路的一个重要方法。

逆向思维的一个基本要素就是分出阶段重点。这样，作为一名员工，你不得不将长远目标和近期目标清楚地区分开来，然后再将逆向思维分别应用到每一个目标中去。举例来说，如果你的目标是四十岁成为首席行政总监，这是不够的。这个目标太过于遥远，逆向思维不能得以有效地发挥。你必须看准所要取得的具体成绩。这些成绩才是助你步入高层的高明战术。你想为自己树立怎样的声誉？想对公司成本行业做何种改变？在前进道路上，你想拥有哪些特别的工作经验？你想在哪里工作，与哪些人共事？以上这些问题的回答为逆向思维提供了十分具体的目标。在考虑上述问题的同时，要将长远目标分成一系列明确目标。目标越集中，逆向思维越奏效，为达到目标所需征得同意的人就越少，整个过程花的时间就会更短，执行效率也很快得到提高。

二、创建新的游戏规则

在企业中，许多的游戏规则都打上了时代的烙印，是在旧有的环境、旧有的格局、旧有的情势下订立的指导员工行为的一种经验性法则。随着环境的迅速变化，原有的格局已然打破，许多惯常的规则和通行的做法，对解决目前的一些问题，尤其是针对未来不确定因素下可能产生的问题，早已显得力不从心了。这时，大家不能抱残守缺，顽固地恪守旧规则、旧条例、旧方法，而应打破一切常规，突破惯性思维，重构新的框架，制定新的标准和游戏规则。唯有如此，才能摆脱困境，使问题顺利解决，目标得以实现。

与其困扰于问题中，单一、直线、封闭地思考，不如开放思维，以全新的姿态去接受改变，重构游戏规则，从而找到一种满足各方利益、最有效的解决方案。因为只有这样，才能达成各方预期的目标。

第三节 丢掉任何借口——提升执行之根本

一个成功的人是不会随随便便寻找任何借口的，他们会执意地完成每一项或简单或复杂的任务。一个成功的人就是要确立目标，不顾一切地去追求目标，充分发挥集体的智慧力量，最终完成任务，取得成功。下定决心，以热情、尽责的态度去对待每一项工作。决心，表明没有任何借口，改变的力量源自决心；热情，热情具有非常大的感染力，充满爱心，内心深处的爱是一切行动的源泉；尽责，尽责是最大的动力，把工作当成一种娱乐，并享受在其中。

一、执行与基层的关系

基层员工是组织执行中的基本元素，是每一项具体任务的承担者、操作者，一个企业的目标、计划、战略必须层层分解，最终落实成一个个的具体任务和行动方案，由基层员工去完成。基层员工的全部工作就是不折不扣地执行上级的命令，完成领导分配的任务。具体来讲，基层员工执行的内容和任务是：

1.贯彻上司的指令，完成上司布置和分配的任务

2.将执行情况如实向领导汇报

3.为上司提供情报和信息

4.避免个人本位主义和个人私利

二、不要任何借口

初到一个公司工作，作为一名员工可能因为“不熟悉”里面的工作条件、人际关系，做什么事情都不顺手，很难赢得领导的青睐，所以开始寻找准备离开的借口。但大家要说：在公司中工作，你一定要学会用成绩说话，这也是没有任何借口的，除非你对自己的事业目标毫无指望。

无论何时何地，如果你没有做出成绩，你就永远是受别人摆布的棋子，甚至是一枚弃用的棋子。所以很多时候你需要用成绩证明你的存在。假如你要想证明自己主动努力工作着，唯一的法则就是“成绩”两字，这样你才能赢得领导的青睐。

三、拒绝抱怨

没有任何借口，没有任何抱怨，职责就是他一切行动的准则。

“拒绝抱怨”看似冷漠，缺乏人情味，但它却可以激发一个人最大的潜能。无论你是谁，在人生中，无须任何抱怨，失败了也罢，做错了也罢，再多的抱怨对于事情本身也没有丝毫用处。许多人生中的失败，就是因为那些一直麻醉着我们的借口。

你可以把日子过得新奇而惬意，因为生活充满各种机会和选择。但是，你绝对没有时间尝试所有新鲜刺激的事。因此要满足你的愿望，我们得先从“你”开始。你一定要先了解自己的特点和长处，以及有哪些事是你能轻松自如做得利落漂亮的。但记住：你不必为了做到这一点再回学校学习，或者使自己的生活发生剧烈的变动。符合内心需求的工作就是最合适的工作。你的需求是一种力量、一种渴望、一种热情。

保持积极、不轻易放弃的心态，尽量发掘你周围的人或事物最好的一面，从中寻求正面的看法，让自己能有向前走的力量。即使终究还是失败了，也能吸取教训，把这次的失败视为向目标前进的踏脚石，而不要让借口成为你执行路上的绊脚石。

第五章

执行在团队：有人负责我服从，无人负责我负责

第一节　组建具有执行力的团队

知识经济时代，很多企业的规模和组织越来越大，但执行的效率却越来越低，“董事长倍感无力”是许多大企业的通病。为了提高执行力，企业的变革是必要的，而变革的重点在于放松越来越严密的组织体系，赋予每个人机会，让他们的潜力得以充分发挥。越来越多的公司发现，答案就在“团队”上。

现代企业的运行不仅仅依靠个人的执行力，更依赖于整个团队、整个组织的执行力。这个团队除拥有高素质的队员外，更重要的是要有强大的凝聚力，有高昂的士气，有富于协作的精神。

如何发挥团队的整体优势，强化团队的执行力呢？一要努力营造一种“团队协作”的整体氛围，二要提高团队成员的整体素质。通过培养全体员工的学习意识，对员工进行由内到外的全方位塑造，与时俱进地提升团队成员的能力，主动适应形势的转

折与多变，提高团队成员的应变、创新和执行力，增强团队成员的大局观念和整体意识，打造出一支有强烈责任感的高效执行团队，众志成城地抓好战略执行。

从某种意义上说，企业是一个执行的团队。企业的团队水平主要体现团队的竞争力，这个团队的执行力分解到个人就是执行。什么叫好的执行呢？简而言之，就是“全心全意、立即行动”。不能做到这一点，就不可能有好的执行，团队就不可能有好的执行力，就不是好的团队。每一个员工的执行力，决定着企业的团队是否是一个好的团队，是否是一个实践目标有效的团队。

一、团队力量决定执行力

俗话说：“鸟枪打不过排射炮，沙粒挡不住洪水冲。”同样，一个公司的团队的力量就是“排射炮”“洪水”，可以形成一股合力，让公司上下拧成一股绳，心往一处想，劲往一处使。

面对社会分工的日益细化、技术及管理的日益复杂，个人的力量和智慧显得苍白无力，即使是天才，也需要他人的帮扶，只有如此才能造就事业的辉煌。同样，很多企业之所以具有强大的竞争力，其根源不在于员工个人能力的卓越，而在于其员工整体“团队合力”的强大，其中起关键作用的是那种弥漫于企业的无处不在的“团队精神”。

团队精神强调团队内部各个员工为了团队的共同利益而紧

密协作，从而形成强大的凝聚力和整体战斗力，最终实现团队目标。团队的作用在于提高组织的绩效，使团队的工作业绩超过成员个体业绩之和，因为团队中的每个人可能在某一方面是天才，但不可能是全才，所以只有发挥团队精神，才能取得更大的成功。

对于一个团队来说，团队精神的形成并非一日之功，而是经过日积月累才形成的。团队成员都具备团队合作的能力，团队精神才能得以形成。而团队中任何一位成员如不具备团队合作能力，团队就可能面临分崩离析的危险。对于集团企业来说，团队精神的形成并非是件易事，也许某些员工在一个小集体里，如一个部门或下属单位，能团结该集体所有成员，但如果将其放在集团这个大集体里，可能就出问题了，他可能没办法放弃狭隘的部门观念或小单位观念。严格来说，这些员工并不具备团队合作的能力，一个具备团队合作能力的员工，不管是处于小团队还是大团队都能为了共同的团队目标而与团队成员通力合作。

执行力是以团队协作为基础的，团队精神不仅仅是对员工的要求，更应该是对企业管理者的要求，团队合作对企业管理者的最终成功起着举足轻重的作用。

据统计：企业管理失败最主要的原因是企业管理者和同事、下级处不好关系。

对于企业管理者而言，真正意义上的成功必然是团队的成功。脱离团队，去追求个人的成功，这样的成功即使得到了，往往也是苦涩的，长期下去是对公司有害的。因此，企业管理者的执行力绝不是个人的勇猛直前、孤军深入，而是带领员工共同前进。

团队精神，是指由于职业管理者发挥了卓越的领导能力，促使下属成员发挥本身最大限度的能力，团结一致完成任务；公司方面则获得卓越的绩效，成员之间有坚定的信赖关系。

一个企业的成功，不光是靠管理者个人的智慧和才华，绝大部分的成功关键在于企业管理者周边的那些追随者，在于他们追求完美的表现。

个人英雄主义的时代，已经向大家挥手告别。大家早已迈入合作就是力量、讲求团队默契的新纪元了。企业管理者不再是明星，虽然位高权重，拥有领导统御的大权，但是如果缺少了一批心手相连、智勇双全的跟随者，还是很难成就大事。任何企业，不管他们是一支球队、乐团、特遣小组、委员会或是公司内部的任何部门，现在需要的不仅是一位好的企业管理人才，更需要的是一位能促进团队发展的真正领导人。

毕竟，一个企业的荣辱成败，绝大部分取决于团队合作的程度。有鉴于此，做一个跟得上时代的真正的企业管理者，有必要花些时间和精力，做好建立团队和复苏团队的工作。

如果每个人只求个人表现，忽视团队精神，那么就如同打篮球，个人技艺再高，队员之间如果不能协同一致，是很难获得胜利的。一个企业管理者要以运用组织篮球队的精神与态度去建立你的团队，并创造一个温馨、相互支援、充满活力的环境。

对于企业管理者来说，没有一个团队是可以不通过训练而达到和谐的。所谓训练的目的就是为了消除他们各自身上的不协调之处，而赋予他们新的团队精神。

在企业内培养员工的团队精神，在成员之间形成高度的信任感，形成团队成员之间的尊重、信任、宽容、团结协作，通过团队成员之间的团结协作，实现个体和集体的全面发展。这样，才有利于提升企业的执行能力。

打造执行力团队，关键是要打造好核心团队，尤其是团队领军人，因为核心团队的执行力很大程度上决定着战略的成功与否。打造好核心团队，战略成功就有希望；建设好执行力团队，事业就成功一大半。

企业的执行力最终表现为团队力量，要形成团队强大的执行力，首先需要形成一种共同愿景，让员工看到企业发展的前途和方向，保持行为的一致性，为共同的奋斗目标而努力，有效地提高企业的执行力。

只有优秀的团队，才有好的执行力。也只有执行力得到不断提升，一个企业才能打造出一支高绩效团队。

二、使团队整体发挥有效作用

团队建设有助于使一个小组作为一个整体而更加有效地发挥作用。由于个人主义和竞争对企业的影响，通常一个工作小组不会自动形成一个团队，五六个人从事某一项目并不保证他们能真正合作去工作以完成一个共同目标。而团队建设能特别加强小组内的职业道德感、相互信任感、凝聚力、相互交流及提高生产效率。

组建团队的深层理由是力图在工作联系的同时，造就一个非正式组织，形成良好的人际关系和文化氛围，这是实行参与企业管理的重要的组织和文化保证。企业员工参与管理不可避免地会将意见表面化，引起争论和分歧，团队则是一剂强有力的镇静剂。团队主要是通过两方面的活动达到这一点的：首先，团队通过工作后的聚餐、郊游等形式来增进同事之间的私人感情，使同事的联系之外加上朋友的联系。团队的主要作用就是造就一个非正式组织的氛围。其次，组织通过奖励团队而不是奖励个人的办法来鼓励创造力和凝聚力的结合，消除个人竞争带来的不利影响。最早，这是日本企业的做法，20世纪90年代已在美国企业推行。团队成为参与管理的最佳组织形式，它把开发创造力和凝聚力结合起来，避免了竞争或一团和气带来的不利因素，所以美国的管理专家都认为：团队是一个伟大的创造，是现代企业和组织管理的基础。德鲁克认为，团队是重新构建公司的一个基本出发点，具有强大的生命力。

参与管理对企业有百利而无一害，一个企业或组织，如果不实行参与管理却大喊“以人为中心”的管理，只能说明它是“叶公好龙”。一个企业不敢实行参与管理，说明这个企业官僚主义严重，领导者与员工的关系紧张，甚至有腐败的行为，他们怕员工，怕调动员工的积极性，因为参与管理是治疗企业官僚主义的最有效的良药，是企业不断涌现人才、剔除那些不称职者的最好途径。

具体来说，组建团队有以下好处：

1.在协作小组内，小组里的员工能互补缺点，发扬自己的长处，集体行动，能够大大增强小组的战斗力和执行力。由于感情融洽，互补了缺点，没有了后顾之忧，能将自己的长处发挥得淋漓尽致，而使小组里的员工的能力在短时间内得到迅速的进步，随之带来的是工作效率的成倍增长，工作效果显著。

2.各人从不同的角度去看待问题，有利于小组综合不同的意见做出最适当的决策。

3.小组如果由发起人挑选，发起人可有效控制小组的方向。

4.小组里的员工能够以最快的速度交换自己所得的信息，有利于对事态的发展采取最迅速和最适当的反应。

5.由于一般原则是任何大事都必须小组全体员工达成一致意见后才能实施，避免了投票表决的弊端，也可使大多数人出错时，正确的少数有机会让错误的多数改变决定。

通过团队建设，使团队成为一个整体更为有效地发挥作用。

三、信任是团队合作的开始

信任是合作的开始，也是企业团队管理的基石。一支不能相互信任的团队，是一支没有凝聚力的团队，一支没有战斗力的团队。信任，对于一个团队，具有哪些重要的作用呢？

1.信任能使人处于互相包容、互相帮助的人际氛围中，易于形成团队精神以及积极热情的情感。

2.信任能使每个人都感觉到自己对他人的价值和他人对自己

的意义，满足个人的精神需求。

3.信任能有效地提高合作水平及和谐程度，促进工作的顺利开展。尽管信任对于一个团队具有化腐朽为神奇的力量，但实际上很多企业都处于一种内部的信任危机当中。例如，没有凝聚力、领导在下属面前没有威信、人心不稳、工作没有积极性等，企业如同处于一个随时都可能爆发的火山口上。

人，最重要的不是他是什么，而是你把他当作什么。你给他信任多少，他就会给你回报多少，关键是你对他的导向。你的沟通、你的行为、你的认识、你的习惯而形成了你固有的用人文化。一个对他人总不放心的人，最终是孤独、孤立而失望的。

对于领导人而言，尽早抓住问题是重要的，而找出会使你头疼的问题的最好方式，是让你的下属告诉你。这取决于坦率与信任，但这两点都有严格的内在的局限性。在需要坦率和信任的时候，大部分人倾向于选择沉默，自我保护，而权力斗争也妨碍了坦诚。领导人必须认真培育信任，应该利用一切可以利用的机会，增进下属的信任感。同时要注意对信任培育而言极其关键的六个方面：沟通、支持、尊重、公平、可预期性及胜任工作的能力。领导人还必须注意麻烦将要出现时所显露出的蛛丝马迹，例如，士气低落、非语言的信号以及外部信号的信息减少、模棱两可的信息等。必须建立一个以适当地使用、传播及创造信息为基础的交流网。

失去了信任，团队管理就成了无源之水，就成了无本之木。没有哪一个领导人希望员工背叛公司，但是员工的忠诚是用信任打造出来的。只有“真心”才能换来诚心，这“真心”就是领导人对员工的信任。信任你的员工，信任你的团队，是领导成功的第一步。

信任他人，不仅能有效地激励人，更重要的是能塑造人，在人与人之间相互信任的氛围中，彼此无牵无挂、无忧无虑，思维空前的放松与活跃，尽情发挥自己的聪明才智，在这样的环境里，人性的本能驱使自己要维护这方相互信任的净土，让每一个不光明的念头出现时，都会让人觉得格格不入、自惭形秽，使其成为一种文化。这种境界是物质激励无法达到的，要承认，物资收入是重要的，但不是最重要的。

总之，信任是团队执行的基础，没有信任，就不可能成就一个具有强大执行力的团队。

四、进行团队建设的步骤

团队管理也要以建立互补型团队为目标。要让自己的团队成员团结互补，你首先需要了解人类个性的区别，要用团队成员的眼光看待事情，了解他们的需要和喜好，并尽可能接纳他们。一旦你做到了这点，你就会发现他们会反过来接纳你。

团队成员个性的区别通常分为四种：分析型、友善型、司机型和表现型。

分析型的人是典型的完美主义者，他们大多数时候做法都是正确的，这是因为他们在工作上投入时间、思考和理性推理。他们追求事实，他们主要的优点是耐心，而这也是他们的缺点——

他们小心谨慎、迟缓不前，不是出于恐惧，而是要完全搞懂问题之后再采取行动。当身处险境时，分析型的人的反应通常是先躲进掩体，直到射击停止。可以用来形容分析型的人的词有：挑剔、吹毛求疵、注重德行、勤奋、执着、认真和井然有序。

友善型的人是典型的“群居动物”，体贴别人并富有同情心。他们总是出现在人们需要和可能受到伤害的任何地方，无论过去、现在还是将来。正因为他们花时间与各方联系，他们是世界上最好的协调员。诚然，他们有自己的意见，但他们更想知道你的意见。他们最大的优点是了解各种关系。当身处险境时，他们的反应通常是屈服。描述友善型的人的词有：顺从、没有自信、依赖、奉承、支持、恭敬、心甘情愿以及和蔼可亲。

表达型的人是胸怀大局者，总是不断从新的视角看待他们周围的世界。他们是具有未来导向的人，这可能是因为在未来才没有人约束他们的宏伟梦想。如果你想得到直截了当的答案，那表达型的人不是最好的人选；而如果你需要直觉和创意，他们再合适不过了。当身处险境时，表达型的人会行动狂野，主动攻击。但令人高兴的是，他们对待他们头脑中创造的世界的方式非常严肃认真。易激动、不羁、自我中心、雄心勃勃、有煽动力、充满激情、人生如戏和友好是描述表现型人的一些形容词。

司机型的人是地道的“让我来”的人。他们坚定地扎根现在：是行动爱好者。他们最大的强项：追求结果。如果你想同人讨论一项工作，找其他三种类型的人；而如果你想完成工作，把它交给司机型的人吧。司机型的人可能是尖刻的自我批评者，非常憎恨闲聊。当身处险境时，司机型的人会变成暴君。用来形容司机型的人的词语包括咄咄逼人、严厉、不妥协、冷峻、意志坚强、独立自主、注重实效、果断和高效。

领导要做的就是在自己的团队中把所有这四种行为类型的人混合在一起，相互交流、创造和谐，组建一支互补型的团队，而不是一支完美的、虚幻的团队。

同样，我们的团队，如果人员长期固定不变，就会缺乏新鲜感，容易养成惰性，缺乏竞争力。只有存在压力，存在竞争气氛，员工才会有紧迫感，才能激发进取心，企业才会有活力。打造竞争型的团队，也是我们团队管理中的重要任务。

团队的竞争性是可以培养出来的。只要你自己是个有心人，就可以发现打造一个竞争型团队并不是很困难的事情，只要做好以下几点：

1.明晰目标

在内部竞争中要让成员知道到底在竞争什么。成功的团队不但清楚部门的目标是什么，更重要的是能和公司的发展目标相结合。

2.树立评选标准

为了鼓励公司部门之间的团队竞争，公司应确定优秀部门、优秀员工、优秀管理人员等一系列评选标准，并认真实施。通过设置内部群体之间的有序竞争去激发团队的动力，使得公司的每一位员工始终处于精神饱满的工作状态。

3.推行绩效管理

公司压力机制的有效性，关键在于员工的薪酬、发展和淘汰机制与绩效管理系统挂钩的紧密程度。事实上，科学有效的绩效管理系统提供的结果能够为员工的培训与发展、个人生涯规划乃至薪酬调整、晋升和淘汰提供准确、客观、公正的依据，真正起到“奖龙头、斩蛇尾”的效果，从而创造出公司压力的机制和氛围。

4.要有制度保障

制度保障是让竞争在团队中真正发挥作用的重要一环。让员工在制度的体系下，重视竞争，参与竞争。值得注意的是在建立内部竞争机制的时候，要注意成员相互之间是竞争而不是斗争。

我们从头狼的竞争中看到，竞争过程虽然残酷，但它不会危及成员的生命，不会削弱团队，这也是团队竞争的临界点。

从以上这些方面进行团队的建设，建立起一个积极向上的团队，使团队的执行力得到很大的提高。

第二节　融入团队，创造卓越

作为一个团队的成员，应该注意自己的工作行为，充分地认识团队，保持友好的、善良的心态，礼貌待人，保持良好的个人品质和行为修养。认识自己，了解自己，保持好心态，积极进取，多听、多想、多问。服从组织和工作的安排，不怕苦，不怕累，培养与同事相同的爱好，多与同事沟通了解，融入团队，充分发挥自己对团队的作用。

一、发现团队工作的意义

企业团队是一艘巨大的航母，每一个员工都是他不可或缺的一部分。这艘航母能否朝着团队的预定目标前进，完全是依靠全体员工的精诚合作。只有每一个员工的力量都保持一致，企业前进的利箭才会以无坚不摧的力量射中靶心。

优秀员工的重要作用体现在对那些新来的、不太有经验的员工的带动上，而带动这些员工的最好的方式，就是和他们团结起来。

一个团队中，每个员工都有自己的特长，也都有为企业奉献的精神，可是如果不把这些分散的、个人的力量拧成一根绳的话，就形成不了推动一切的合力，甚至会因为各自为政而相互掣肘。团队精神，就是能把所有力量汇聚在一起的绳子。而优秀的员工，就是绳子的中心。

企业作为一个合作组织，它的健康运转有赖于全体员工的良好协作。尤其是在像世界500强这样的巨型企业，几乎都是跨国型企业，工作人员遍布世界各地，动辄上万、几十万的员工，且各地的员工都有各自独特的风俗习惯和文化背景。如何保证这些员工的所有工作都是紧紧地围绕总公司的总体目标和意图行进，而不能自行其是，这就必须要求员工具有良好的团队意识，而不是我行我素、独来独往。

任何一个企业执行的成功，都有赖于所有组成人员的成功。每个优秀的员工都必须为企业的成功负起责任，也必须为其中的每个同事的成功担起义务。而每个员工的出色合作，都为整个企业的辉煌增添绚烂的一笔；每个员工的各行其是，也会为企业最终的瓦解留下隐患。

只有把企业中所有的力量拧成一根绳子，企业才会发挥出巨大的力量，才能使整个团队的执行发挥到极致。

二、团队良好协作的优势

根据成功团队与失败团队的经验和教训，国内外学者经过大量的调查研究，总结出团队协作6个最重要的因素：共同目标、核心领导、周密计划、分工协作、过程控制、经验总结。即团队中的每个员工都对共同目标高度认同，对工作任务目标非常明确，尊重核心领导的权威，服从领导者的指挥并做出周密的计划，每个员工彼此默契较深，分工体系明确，灵活高效，员工之间互相支援协作，以目标为导向进行过程控制，完成目标后总结经验。

在讨论团队协作的问题的时候大家更应在自己的工作中认识团队合作的价值，真正融入团队，实现团队协同作战。在现代社会专业分工的情况下，协作是当今时代的重要主题。对于有共同目标的团体所需的基本要求就是必须协作，以完成共同的任务。随着社会化分工越来越精细，以及知识型员工的增多和工作内容智力成分的比重不断地增加，越来越多的工作不再是仅仅依靠个体力量就能完成，而必须由团队合作来实现，协作已经成为现代组织生存与发展的基本条件。团队合作已经成为现代社会最普通的工作形式，每个人都处于各种各样的团队里。社会组织的发展要求协同效应以提高生产效率，组织的管理最重要的就是建立与维护良好的协作环境，使团队成员积极努力工作，以完成共同的目标和使命。

良好的协作精神是员工的基本素质，也是团队发展的基础。良好的团队关系，并非单纯的索取与奉献，而是相互满足的互惠关系，团队成员之间的个性与能力互补，使团队成员能弥补自身的不足，借助别人的力量，也对别人的发展提供帮助。协作良好的团队能够保持信息沟通顺畅，沟通渠道畅通，而且信息的交流质量较高。协作良好的团队人际关系和谐，情谊浓厚，交往频率高，不仅信息交流充分，而且伴随着感情的共鸣，对团队凝聚力起着很强的推动作用。

优秀团队的顺利运行，可带来良好的正面效应。例如共同承担工作责任、对目标的共同承诺、更大的创造力与效率、更有效的决策、改善沟通等，这些优势中，有许多来自团队成员集体技能和经验的协同配合。由于具有良好的团队氛围，团队中成员乐于在团队中工作，大家交往在感情上相互影响，并因此而受到激励。正因为如此，他们在团队环境中才会有出色的表现。因此，只有拥有优秀的员工，才会营造和谐的团队内部氛围，创造蓬勃向上企业文化的能力，提高整个团队的执行力。

三、培养你的合作能力

随着知识型员工的增多，以及工作内容中智力成分的增加，越来越多的工作需要团队合作来完成。传统的企业管理模式和团队协作模式最大的区别在于：团队更加强调团队中个人的创造性发挥，以及团队整体的协同工作。团队协作模式对个人的素质有较高的要求，成员除了应具备优秀的专业知识以外，还应该有优秀的团队合作能力，这种合作能力，有时甚至比成员的专业知识更加重要。

作为团队中的一员，你应该从哪几个方面来培养自己的团队合作能力呢？

1.寻找团队成员的优秀品质

2.对别人寄予希望

3.时常检查自己的缺点

4.让大家喜欢你

5.保持足够的谦虚

6.学会赞赏别人

第三节　提高团队的执行力

企业的执行力最终表现为团队力量，要形成团队强大的执行力，首先需要形成一种共同愿景，让员工看到企业发展的前途和方向，保持行为的一致性，为共同的目标而努力，有效地提高企业的执行力。那么，怎样才能提高团队的执行力呢？

一、尽力发展团队行为的协调性

有关调查显示：团队精神、忠诚度、创新能力和沟通表达能力是跨国公司在选才时最看重的四项特质。与群体相比，团队更强调共同的责任、效益和业绩。在具有团队精神的团队里，团队成员潜在的才能和技巧能够不断地被释放；团队成员能够深感被尊重和重视；为了一个统一的目标，大家能够自觉地认同必须担负的责任并愿意为此而共同奉献，它强调个人利益服从整体利益，但并非不承认个人利益，更不是要牺牲个人利益，它特别强调团队成员要具有与人沟通、交流和合作的能力。

二、团队合作的六个原则

在团队执行中，离不开团队合作，那么，要怎样加强与同事间的合作，提高自己的团队合作精神呢？

1.平等友善

与同事相处的第一步便是平等。不管你是资深的老员工，还是新进的员工，都需要丢掉不平等的关系，无论是心存自大或心存自卑都是同事间相处的大忌。同事之间相处具有相近性、长期性、固定性，彼此都有较全面深刻的了解。要特别注意的是以诚相待，才可以赢得同事的信任。信任是联系同事间友谊的纽带，真诚是同事间相互共事的基础。即使你各方面都很优秀，即使你认为自己以一个人的力量就能解决眼前的工作，也不要显得太张狂。要知道还有以后，以后你并不一定能完成一切，还是平等友善地对待同事吧，这有利于自己在以后的工作中的执行合作。

2.善于交流

同在一个公司、办公室里工作，你与同事之间会存在某些差异，知识、能力、经历造成你们在对待和处理工作时，会产生不同的想法。交流是协调的开始，把自己的想法说出来，听对方的想法，你要经常说这样一句话："你看这事该怎么办？我想听听你的看法。"

3.谦虚谨慎

法国哲学家罗西法古曾说过："如果你要得到仇人，就表现得比你的朋友优越；如果你要得到朋友，就要让你的朋友表现得比你优越。"当大家让朋友表现得比自己还优越时，他们就会有一种被肯定的感觉；但是当大家表现得比他们还优越时，他们就会产生一种自卑感，甚至对我们产生敌视情绪，因为谁都在自觉不自觉地强烈维护着自己的形象和尊严。所以，对自己要轻描淡写，要学会谦虚谨慎，只有这样，我们才会永远受到别人的欢迎。

4.化解矛盾

一般而言，与同事有点小想法、小摩擦、小隔阂，是很正常的事。但千万不要把这种"小不快"演变成"大对立"，甚至成为敌对关系。对别人的行动和成就表示真正的关心，是一种表达尊重与欣赏的方式，也是化敌为友的纽带。

5.接受批评

从批评中寻找积极成分。如果同事对你的错误大加抨击，即使带有强烈的感情色彩，也不要与之争论不休，而要从积极方面来理解他的抨击。这样，不但对你改正错误有帮助，也避免了语言敌对场面的出现。

6.创造能力

一加一大于二，但你应该让他大得更多。培养自己的创造执行的能力，不要安于现状，试着发掘自己的潜力。一个有不凡表现的人，除了能保持与人合作以外，还需要所有人乐意与你合作。

总之，作为一名员工应该以你的思想感情、学识修养、道德品质、处世态度、举止风度，做到坦诚而不轻率，谨慎而不拘泥，活泼而不轻浮，豪爽而不粗俗，一定可以和其他同事融洽相处，提高自己团队执行的能力。

三、明确地传达组织理念

在那些具有很强执行力的企业，各级别、各部门的员工都非常清楚组织的目标，以及他们如何才能为成功做出自己的贡献。他们不会花费时间猜测高层领导者真正在想些什么，也不会从他们收到的信息中寻找隐含的意思。因此，员工会强烈地感觉到大家有共同努力的目标和方向。

健康组织的员工会收到很多重复的信息，他们会为此开玩笑，有时甚至会抱怨。但由于他们对公司发生了什么事情很清楚，没有被蒙在鼓里，因此他们也感到很高兴。

欲明确地传达组织的理念，必须注意以下几点：

1.重复信息

有效沟通需要重复发布信息，这样，信息才能在组织内深深扎根。有些专家这样认为，只有当人们听到某条信息重复六遍以后，才能开始相信并消化这一信息。

2.使用简单的语言

有效沟通的另外一个关键是有能力不把关键信息复杂化。多年的教育和培训，令大多数领导者感到自己必须在讲话或书写时用上他们所有的智慧。虽然这种想法可以理解，但如果真的这样做，只会令员工感到无所适从。要知道员工需要从领导者那里得到的是关于企业的方向、自己要如何去做的明晰、简单的信息。

3.适用多种媒介

高级管理者往往过于依赖一种沟通方式来向组织内其他人传递信息，有些人喜欢开会和面对面地沟通；其他的人则喜欢通过电子邮件和企业内部网公告发布书面信息。

实际上，企业内部沟通是需要多种交流方式结合在一起才会产生最佳效果。由于员工对通过哪种方式接收信息都有自己的偏好，所以，如果仅仅使用一两种沟通渠道，企业内一些员工是肯定收不到一些重要信息的。

第六章

执行决策：有效的决策是迅速执行的保证

第一节　执行决策的方法

一个优秀的领导者，既要善于利用“外脑”，在智囊团工作的基础上做出正确的判断和选择，同时又要有自己的“头脑”，牢记自己的责任，不为智囊团所左右。

一、决策方案优选的原则

领导决策执行方案的优选是决策执行过程中一个重要环节。这个环节就是要根据明确的决策目标和决策习惯，对经过充分论证的系列备选方案进行权威性选择，要在充分对照、比较的情况下，择其优者而定之。要经过正确的选择，得出领导主客体均要服从和执行的具体行动方案。这也就是要对未来行动执行方案、权威取向和具体工作任务做出正式的权威决定。

这是决策执行的最终步骤，是人的主观能动性直接反作用于客观对象的决定性环节。这以后只是实施领导决策执行或人的主观意志的事情了，这时可以说问题已经在决策层次上或在决策范围内得到了解决。特别是在有关政策问题上，这个环节的决策行为将一锤定音，相关政策问题将因此立即解决，相关领导客体的命运也将因此而被权威地决定。

无论执行方案如何选择，也无论所选择的执行方案将带来什么结果，大家在选择执行方案时都必须坚持如下几个原则：

1.决策执行者必须重视经验的积累

应该说，理论主要解决方向问题，经验主要解决具体问题；理论是单纯的，经验是丰富的。对于具体问题的决策，没有理论是不行的，然而没有经验更无从谈起。一些缺乏实际经验的人总是轻看经验，可走起路来却常常摔跟头。

2.必须让专家帮助决策

所谓专家，就是有专门学问的人。他们致力于某一方面的研究，往往从某一特定角度分析问题；分析可能是深刻的，却也可能出现片面性。因为现实是多角度的，要比理论复杂得多，有些听起来很有道理的建议，做起来却行不通。

3.要注意听取不同意见

有人回忆，某一大型项目的立项是非常慎重的，反反复复听取不同意见，实在没有不同意见，主持人自己提，还不行就休会回去想。事物是对立统一体，有了对立面，才能健康发展。反面意见会给人一种新的角度，会给人提供触发灵感的钥匙。

4.紧扣方案的核心

决策方案是就某一事物而做的，而任何事物都有它的主要矛盾和矛盾主要方面，这主要矛盾和矛盾主要方面决定着事物的方向和性质，是事物发展的关键和主要力量。大家选择决策执行方案，就要找到并分析主要矛盾和矛盾主要方面的状况。通过分析看看决策在进展过程中会遇到什么问题，关键是找到了限制因素，是可以克服的、是不可克服的、还是有风险的，以此决定执行方案的取舍。

5.满意即可

这是美国著名管理学家西蒙的观点，他认为以100%的信息作为决策依据是不可能的。事物是发展变化的，在你收集了80%的信息以后，到了再想收集剩余的20%的信息时，情况又变化了。因此在做出判断时，不可能做到100%的准确。日本的松下幸之助说过："只要有60%的可能，就值得放手一搏。"曾有一位将领也说过："只要有六成把握即决心打。"可见，选择执行方案满意就可以了。

6.全面、比较、反复

这是某位名人对历史经验的总结。他几次讲到这个问题，认为处理问题不仅要看到正面，还要看到反面，要多和别人交换意见，防止片面性；认为研究问题、制定政策、决定计划，要拿各种方案进行比较，要前后比较，还要左右比较。认为做了比较之后，不要马上决定问题，还要反复考虑，摆一摆、看一看、听一听。这个"全面、比较、反复"的思想，对于大家选择大的决策执行方案是十分重要的。

7.准备多套应变方案

在社会各个方面都在快速变化的今天，尤其在经济领域，大的决策不准备应变方案是危险的。

二、决策执行方案优选的操作方法

1.筛选法

筛选法即把已经确定的各项标准作为筛子，对执行方案分别加以衡量，使之一一过筛，把达不到要求的方案逐一淘汰，直至找出最可行的执行方案。可按下述步骤进行：

（1）以目标原则对方案进行衡量，特别是将主要目标和最低指标作为筛选的基本依据，如果连主要目标和最低指标都无法达到的方案，应在淘汰之列，这样便可缩小选择的范围。

（2）再比较各方案的利害大小，考虑其经济效益、社会效益及危害程度、风险程度。

（3）分别以适应性原则和公共关系原则进行筛选，考察所余下的执行方案中何者最能令人满意。

2.归并法

在选择中如发现能实现目标和令人满意的并不是某一个方案，而是两个执行方案或多个执行方案相互融合的产物，这时便可采用归并法。归并并非简单的抛弃，而是将被淘汰的执行方案的一切合理内容以新的形式保存起来。归并有两种基本的情况：

（1）如果有两个以上的执行方案如X和Y，而且X可以吸收Y的内容，则Y被并入X中去。这就是说以其中的一个执行方案为主去归并其他的执行方案。

（2）如果有两个以上的执行方案如X和Y，而且X和Y各自的部分内容可以为一个新的执行方案Z所容纳，则X和Y的部分内容并入Z。这就是说用一个新的、具有超量内容的方案去归并原有各个执行方案。

3.决策树法

决策树法就是把各执行方案及与执行方案有关的概率、收益值等画成树状图，分别计算其期望收益值，由此做出选择。

三、利用智囊团进行决策

1.智囊团对领导决策的意义

现代领导决策运用智囊团，其原因除了所说的智囊的积极作用，另外一个重要原因是领导者本身能力及现代社会条件的必然要求。

（1）决策执行者本身的脑力是有限的

正如机器的加工能力有限一样，虽然说现代科技条件下许多辅助性的工作可以借助电脑来完成，但做决策这样的主观思维过程，只能用大脑处理。一个人的思维能力是有限的，认识问题有很大的局限性，但是，在同等条件下，两个人的思维能力就比一个人的思维能力强。在一定的条件下，人数的增加必然是思维能力的增加。从本质上来说，决策就是一个思维过程，而决策执行者要增强自己的思维能力，必须善于利用在他之外存在的思维能力。而智囊人物就是决策者的思维外脑，智囊团就是一种专门的思维机构。

（2）决策执行者能力是有限的

对于现代决策执行者来说，虽然要求他们应该是“通才”“杂家”，应该博学多才，但是他们的知识、经验和能力毕竟是有限的。他们不可能是无所不知的，也不可能掌握和探索各个领域的专业知识，不可能精通一系列现代科学决策的方法和技术。而现代社会的重大决策，无论是政治决策、经济决策、军事决策，还是科研决策，所涉及的专业领域之宽、知识范围之广，所面临的不确定因素变化之迅速，所需要的信息量之多，所遇到的各种关系之复杂，都远远超过了决策者个人的知识、经验和能力范围，也是决策集团少数人掌握不了的。而智囊团利用其本身的优势和作用，正好可弥补决策者这方面的不足。

（3）决策执行者的精力是有限的

现代社会，经济、科学技术发展高度分化和高度综合的趋势，不仅使决策执行者在知识、能力和经验方面感到难以适应，而且从精力方面也是难以适应的。许多重大的决策，一系列现代科学决策的方法和技术，甚至其中一项研究，如果让一个人去研究，就可能花费毕生的精力。决策执行者不可能就决策的每一个具体事项进行系统、深入的分析。他可以及时地发现问题和提出问题，但很难有时间和精力对每一个问题的方方面面进行深入的探讨和研究。决策本身有两大要求：一是合理性，二是及时性。要达到这两条要求，在现代社会条件下，单凭决策执行者本身的精力进行决策，尤其进行重大决策，无论如何也是难以胜任的。

一方面，他没有精力研究和处理决策过程中遇到的每一个问题，如果让决策执行者自己去系统地、全面地研究、制定决策执行方案，只能拖延决策时间，不能做到及时而贻误时机。另一方面，在同等前提下，人数多，集体力量强，集体总比决策执行者个体强，智囊团加决策集团总比决策集团本身的知识、信息、智慧多。决策执行者与智囊团的结合，可以使决策更全面，使决策具有更大的稳定性，进而更容易满足决策合理性的要求。

（4）领导体制改革配套的需要

经过四十多年的改革开放，我国各级领导体制发生了很大的变化，开始由过去的传统的领导体制向现代领导体制转变，即由过去的决策系统、执行系统、监督系统的领导体制向决策系统、执行系统、监督系统、智囊系统、信息系统的领导体制转变。同时，还突出了行政首长、企业厂长的地位，决策权已成为领导活动、管理活动的首要职能。当行政首长、企业厂长有决策权以后，如果仍靠个人决策和经验决策，就与现代化领导和现代化管理极不合拍，影响社会、经济、科技的进步和发展，不利于与现代领导体制相配套和走科学决策的道路。

（5）经验决策转化成科学决策的要求

从经验决策转化成科学决策，是管理科学和领导科学发展的必然趋势。经验决策坚持最大化的原则，即执行目标确定之后，对影响执行目标的各种因素，都取其最大或最小值。科学决策的核心是令人满意的准则取代经验决策的最大化原则，并提出了一套相应的、科学的程序。所谓令人满意的准则，就是在决策时先确定一套切合实际的标准。如果某一方案满足了这一标准，就可以选定这个方案；如果找不到满意的方案时，则可修改原定标准，再选择出令人满意的方案。最大化的原则简便易行，可以不用智囊团的帮助，而令人满意的准则有一套科学程序。没有智囊机构的协助，是完不成某项科学决策的。

（6）科学技术飞速发展的要求

科学技术的飞速发展，使社会结构、经济单位更加复杂，涉及的学科越来越多。行政部门、经济单位、科研机构都变得具有广博性、多支性和综合性。其变量之多、信息量之大、活动规律之复杂，都是前所未有的，这就增加了决策的难度。在决策执行过程中，从战略到战术，从宏观到微观，从全局到局部，从价值到效果等，都需要制订周密的方案和科学的论证工作。这绝不是决策执行者个人所能完成的，而是需要一个智囊班子的群体去辅佐完成。此外，决策的手段现代化，也需要智囊团中的各类专业技术人员掌握和运用。

从以上决策执行者的主观和决策所需要的社会环境、客观条件两个方面来看，都要求“谋”与“断”的分离，决策者进行“断”，把“谋”的任务交给智囊团去完成。决策执行者必须依靠智囊团已成为决策执行者进行有效决策的必需条件。

2.领导决策运用智囊团的方式

（1）设置机构

建立智囊性的常设研究机构，配备专职智囊人员，组成秘书班子、顾问团、调研室等一类的组织，使其专门为决策者的决策活动服务，这是现代领导决策执行者利用智囊团的重要形式。

（2）召集会议

召开会议谋划，这是决策执行者利用智囊团的常见形式。遇事难决，召集智囊人物开会，让大家讨论，出主意、提办法、拟方案，进行比较、权衡，然后，决策执行者再进行决策、拍板。

（3）求教拜访

决策执行者遇到困难、问题，先请教、访问智囊人物，当面听取他们的意见、建议，借以帮助解答。

（4）委托交办

决策执行者将重大决策问题，委托或交代给智囊性研究机构去调查研究，拟订方案，然后再提交决策集团集体讨论议定。

领导者必须凭借良好的判断力去做出决策执行，必须合理地正当地处理好自己与智囊的关系，这样，才能保证决策的不断完善。

3.端正看法，扶助和依靠智囊

虽然智囊团和思想库给各种组织决策带来很大的效益，但有时它也并不一定就能起到特别的作用。一些领导者认为自己部门从事的决策大都是程序化决策，没有必要设立智囊团；另一些领导者认为自己的经验是可以应付各种类型决策的，不信任智囊团，害怕他们参与决策后限制自己的权力。更多的领导者是想依靠智囊机构，但不知怎样设立智囊团和寻找哪些思想库帮助决策，这些表现就是一些组织长期难以做到科学决策的根本原因。

领导者既要重视智囊团，又要扶助智囊团，只有扶助才能谈到依靠智囊团。智囊团在形成一种有组织的力量之前，领导者对它的支持是必要的，这种支持包括挑选好智囊团的成员。智囊团作用的大小、力量的强弱，取决于智囊团的每个成员的质量。领导者在选择智囊团成员上也有着一些共同的价值标准，这就是要选择具有广泛知识结构的专家。专家应该了解组织的需要、方向和限度，并能时时把组织内的具体问题与组织总目标联系起来考虑。同时，要敢于坚持原则，发表自己的想法，而那些拍马屁、报喜不报忧的人绝不能成为智囊团的成员，这是要特别注意的一点。

领导者不仅需要挑选优秀的智囊团成员，还要为他们创造一个优越的环境。另外还应注意向他们提供情报，特别是要向思想库通报组织中的各种需要，以使他们跟上决策步伐。在我国，一些行政和企业组织领导人借口保密，对专家、学者进行情报和资料封锁，使得组织外的专家了解情况十分困难。专家无法获得最新情报资料就无法从事有效的政策规划，而领导人也只有继续保持决策神秘化的色彩。因此，现今领导者必须端正对智囊团的看法。

4.尊重智囊机构的独立性与客观性

一般来说，咨询研究的问题都是较为复杂的，而且除个别情况外，一个明显的最佳执行方案是很难得到的。智囊人员的重要责任，就是做深入的调研，客观的分析，科学的综合，全面地对所有的可能方案都进行认真的描述，以自己的科学结论，向领导者提供决策的依据。在研究过程中，决策智囊如果不坚持实事求是，不对科学负责，而是看领导的眼色行事，为印证领导主张去搜集事例，去查找理论，那么就从根本上失去了决策智囊的存在意义。现代领导者所以重视智囊，就在于它能弥补领导的不足，充当领导的“外脑”。因此，领导者应当尊重决策智囊研究的独立性、客观性，保证研究成果的真实性和彻底性。

5.允许智囊团唱对台戏

智囊团在决策执行过程中和领导者不是隶属关系，而是平等的关系，是处于不同决策阶段的两股力量。智囊团对决策执行的设想是来自他们对客观事实的分析，来自各种专家长期研究和相互辩论中，而不是来自某些领导者的意志。有些组织也设立了“政策研究室”之类的机构，但多半是起草文件或代替领导者写讲稿的秘书班子，做一些服务性工作，他们的调查研究和设计方案大都是为了进一步论证和阐述领导讲的某些论点，这种把领导人的讲话当作目标进行研究，是很难提出科学方案的。有些领导者喜欢让专家、智囊人物整天围着自己转，看自己的脸色行事，喜爱听赞美、顺耳的话。要知道这是科学决策中最忌讳的。智囊团在决策执行中必须具有一种独立的地位，因为，他们的科学思维方法和创新精神是靠这种独立性得以发挥的。

组织内的领导者无论在设计方案阶段，还是在追踪决策阶段都要使智囊保持独立地位，相信专家而不迷信自己，特别要珍视智囊提出的批评和不同意见。因为智囊团离现实利害关系较远，又排除了一切人事关系等权力因素，它的意见比直属部门的意见更有价值，因此要特别重视。

以上的意思就是，领导者要允许智囊团同自己唱对台戏，对于智囊团的不同意见，领导者更应当细心倾听、认真分析，如果真有道理，那就要服从科学和真理，不要怕失去领导的权威丢了面子。要知道：相反意见本身，正是决策所需要的另一种预选方案。专家如果没有独到的见解，不敢直言，那绝不是一个好的智囊。专家的意见，无论领导者采纳与否，对于决策都是有重大意义的。如果智囊团的意见和方案有1/3被采纳，就是一个有用的智囊团；如果有一半以上的意见被采纳，就是高明的智囊团；但如果100%的意见都被采纳，那么不是专家们“越位”，就是领导者无能。当然，如果智囊团的意见100%都不能采纳，那这样的参谋班子就是多余的了。

6.摆正自己的位置，防止被越权

决策执行的成功，不仅要有外脑的参谋，更主要的是要有内脑的善断。外脑之责在于谋，内脑之责在于断。谋是基础，断是关键。外脑是决策的参谋、条件，是第二位原因。内脑是决策的主体、根据，是决定成败的第一位原因。这是因为：首先，决策者处于领导地位，他们站得高，看得远，能驾驭局势，统揽全局；其次，决策执行者具有较高的政治水平和业务素质，他们富有政治远见和洞察风云变幻的能力，有战略眼光和较强的分析能力；再次，决策执行者有丰富的决策经验和决策素养，能够应对复杂局面。所以，决策执行者首先要知道自己的职责，否则，很难做出科学的决策。

从另一角度来看，专家也是现实社会中的人，也是良莠不齐的，未必都能秉公直言，即便是敢于直言的，他们的意见也不可能100%都正确。智囊专家的思维特点，一般是从理想的条件出发，严格按照科学的程序和方法，探求和拟制理想的优化方案，这在科学决策执行中是完全必要的。智囊团的作用是帮助领导决策，但不能代替领导决策。领导者是决策执行的主体，处于主导地位，方案有多种，主意还得自己拿。如果自己毫无主见，完全依赖专家，甚至把拍板定案都推给了智囊团，领导者就是徒有其名，就是失职。

第二节　决策效果：回到执行中衡量

一切企业活动，都是以结果论英雄。企业决策的效果反映为决策执行的结果，企业必须用执行来衡量决策的效果，同时，为今后的决策提供参照。

一、用执行衡量决策

“执行”是否到位既反映了企业的整体素质，更反映出决策的效果。企业迫切需要加强“执行”，培养企业执行力的关键就是从培养领导者的执行力开始。有关战略管理专家指出：“企业的战略之所以失败，其原因就在于这些战略没有很好地执行。经理人要为此承担绝大部分责任，要么是他没有足够的能力去落实，要么是他做出了错误的判断。”

如果领导者认为做管理不需要执行力，那么其角色定位就有问题。培养执行力不能只停留在领导者知识和技能层面上，更应着重于领导者角色定位的观念变革。企业要培养执行力，应把重点放在领导者身上。领导者的执行力能弥补策略的不足，而一个再完美的策略也会死在没有执行力的领导者手中。所以在这个意义上，说明执行力是企业成功的关键。

企业领导也好比是一个球队的主教练，如果一支球队的主教练只是在办公室里与球员达成协议，却把所有的训练工作都交给自己的助理，情况会怎样？那将会是个失败的主教练。主教练的主要工作应当是在球场上完成的，他应当通过实际的观察来发现球员的个人特点，只有这样他才能为球员找到更好的位置，也只有这样，他才能将自己的经验、智慧和建议传达给球员。因此，执行力的关键在于由领导传达给员工。

员工需要一个更加开放、透明的管理制度，需要建立一个顺畅的内部沟通渠道，更重要的是形成规范的、有章可循、“以制度管人，而非人管人”的管理制度，增加内部管理的公平性。因此，企业只有通过严格的制度管理，打破“人管人”的旧框架，实行“制度管人”的管理方式，才能将管理职能化、制度化，明确领导者的责、权、利，从而避免“多头领导”，提高管理效率和管理执行力。

作为企业领导者必须既重视决策又重视执行，做到两手都要抓，两手都要硬。决策与执行对于企业的成功来说，前者是企业未来发展的指南，后者是成就未来的保障。以执行导向的企业，决策的实施能力会表现得比其他企业更优秀、更出色。企业决策的效果反映为决策执行的结果。

1.透过企业文化指导执行力

再好的决策也只有成功执行后才能够显示出其价值。因此，作为企业管理者必须既要重视决策又要重视执行力，做到一手抓决策，一手抓执行，两手都要硬！决策和执行力对于企业的成功来说，缺一不可，二者是辩证统一的关系。

企业管理者不应将决策和执行力割裂，把它们看成完全对立的部分。一方面，企业管理者制定决策时应考虑这是否是一个能够得到切实“执行”的决策。无法执行的决策达成以后只能束之高阁，没有什么实际的价值；另一方面，企业管理者需要用决策的眼光诠释“执行”，也就是说不要陷入“执行”的泥潭，执行是需要决策来指导的。因此企业管理者在制定决策的时候必须考虑执行力问题，好的决策应与执行相匹配。

许多人认为企业管理者就是制定决策，而执行属于细节事务的层次，不值得管理者费神。他们认为自己的角色定位就在于描绘企业远景，定好决策，至于执行，那是下属的事情，作为企业管理者只需要授权就行，这个观念是绝对错误的。相反，执行应该是管理者最重要的工作。实际上，真正优秀的管理者必须脚踏实地，深知自己所处的大环境，认清真正问题所在，然后不畏艰难地勇敢面对。企业管理者制定决策后也需要参与执行，只有在执行中才能准确及时地发现目标是否可以实现。企业管理者及时根据执行的情况调整决策，这样的决策才可以有效达到执行目标。

企业管理者是决策执行最重要的主体，并非说管理者要事必躬亲。企业管理者角色定位变革很重要的一点就是在重视自身执行力的同时，还必须重视培养部属的执行力。执行力的提升应该是整个企业范围内的事情，而不只是少数管理者的专利。企业管理者如何培养部属的执行力，是企业总体执行力提升的关键。

执行力的关键在于透过企业文化影响员工的行为，因此企业管理者很重要的角色定位就是营造企业执行力文化。如果员工每天能多花10分钟替企业想想如何改善工作流程，如何将工作做得更好，那么，企业管理者的决策自然能够彻底地得到执行。

企业要有执行的文化，但很多企业充满了“纸上谈兵”者。他们对决策的执行不是打折扣，就是找理由说做不到，或者随便交差了事。拥有好的执行力文化的企业，员工一定会用心去做事，讲究速度、质量、细节和纪律。

管理者要营造企业“执行”的文化。企业是由不同的部门和员工构成的，不同的个体在思考、行动时难免会产生差异。如何尽可能使不同的分力最终成为推动企业前进的合力，只有依靠企业文化，“执行”也不例外。优秀的企业，其内部都有一种强烈的“执行文化”，它们注重承诺、责任心，强调结果导向，这一切都是“执行文化”的具体表现。

作为企业管理者，重塑执行的观念有助于制定更健全的决策。事实上，要制定有价值的决策，企业管理者必须同时确认企业是否有足够的条件来执行。要明白决策原本就是为执行而制定出来的。在执行的过程中，一切都会变得明确起来。企业执行力文化比任何管理措施或经营哲学都管用。

2.执行一步一个脚印

执行是一个有一定顺序的、条理化的过程。从认识论上考察，执行过程就是一个主观反映客观的动态认识过程，是从实践中获得规律性认识并形成的概念，再从抽象到具体形成决策以付诸实践的过程。在这个过程中，每一阶段都相互影响着，并时常产生反馈。执行过程的每一个步骤都是相互联系、交错重叠的，因此，在执行的过程中，要一步一个脚印，不能将执行的各个步骤工作截然分割。

二、方法的差异决定效果的不同

1.决策评价的含义

决策评价是指对各种决策执行特定方法进行衡量、分析、比较和评估的总称，即对决策的科学性、可行性及实施后的社会效益的综合性评估。

决策评价有来自内部的和来自外部的。来自内部的评价，是决策体制内部人员对决策执行的评价，包括决策的信息系统、咨询系统、实施系统、监督系统中决策专业人员执行的评价；来自外部的评价，即决策客体对决策的评价，具有分散性、断续性、间接性的局限，但却具有客观性、公正性、全面性的优点。

2.决策评价的程序

决策评价是有计划、按步骤进行的一种活动，其操作规程有内在的规律，这个规律就是评价程序。决策评价活动主要由评价的组织和准备、评价的执行以及撰写评价报告等步骤组成，各步骤构成前后相继的严格程序。

（1）组织和准备

周密的组织和准备工作是决策评价执行的第一环节。在这个阶段主要做好以下工作：

首先，根据理论研究以及实际工作的需要，选择、确定评价对象。虽然每项决策最终都要经过评价这一阶段，但这并不意味着任何一项决策在任何时候都可以并且必须评价。在进行评价活动时，要根据有效性和可行性相结合的原则，精心选择评价对象。选择时要注意以下几点：一是注意选择条件成熟的决策作为评价对象。在决策还没有经过一段时间的实施，其优点和局限性还没有完全显露前，不要选做评价对象，以免达不到评价预期的效果。二是注意选择决策效果明显的决策为评价对象。决策效果明显时，决策者的目的与决策实施后的情况有明显的因果关系，便于评价方案的设计和评价结论的解释。三是注意选择有典型意义的决策为评价对象。这样便于总结经验教训，能够直接或间接地影响其他决策。

其次，根据评价目的，确定具体的评价标准。评价标准不具体，评价时就缺乏可操作性。以往评价出错的一个常见原因，就是评价标准比较抽象、模糊、不具体，并因此影响到评价过程和评价结论。评价标准要具体，就是将决策目标进行分化、分解，据此制定评价标准。另外，是将抽象的、普遍的标准化为可理解、可操作的评价标准。总之，根据实际情况将评价标准具体化，才能减少模糊的、大致的评价，增强评价结论的可靠性和准确程度。

第三，建立独立的决策评价机构。决策评价的根本目的是为了提高决策者的科学决策水平，但实际评价活动往往涉及一些决策者的个人利益，这也是一个不可否认的事实。当决策评价结论触动到某些高层决策者的既得利益，特别是牵涉到某些重大责任的认定时，本决策系统内部的评价往往难以做到客观和公正。因此，建立独立的决策评价机构就显得尤为重要。它有利于评价方案的设计，评价经费的合理使用，能够培养和造就高质量的职业评价人员，更重要的是从根本上保证决策评价的客观性和科学性。

（2）实施评价

评价的实施在整个决策评价的活动中可以说是重中之重。其主要任务是利用各种调查手段全面收集有关领导决策制定和执行的第一手资料，并在此基础上进行系统的整理、分类、统计和分析，然后采用恰当的评价方法，根据评价标准，对领导决策的制定和执行状况做出客观、公正的评价。在实施评价过程中，评价者要始终坚持材料的完整性和分析的科学性，要努力避免各种主观因素的影响，以求全面、正确地反映出领导决策的实际效果。其中最主要的是要正确运用决策评价的尺度，正视评价中可能面对的困难。这些困难包括：

① 决策目标的不确定性。决策评价的一项重要工作就是考察领导决策是否完成了其预定的目标。但是，由于决策问题的复杂性以及领导者的主观因素等多方面的原因，要使决策目标具有

很高的确定性并不是一件容易的事。何况大多数决策都属于多目标决策，有些目标之间还存在着矛盾；同时，在决策执行过程中，决策目标还可能因为情况发生变更而被修正。另外，有时领导者还希望用含糊的、不太确定的形式来表达和说明决策目标，以此增加某种应变的能力。这些情况都会给衡量和评价领导决策完成目标的程度造成很大的影响。

② 有关人员的抵制。决策评价就其性质而言，它应该是一种价值判断，但由于决策是由特定的人来制定和执行的，因此决策评估也是对领导行为的一种价值判断。弄清了这一点，就不难理解为什么与决策制定和执行有关的人员会千方百计地试图影响评价的结论。一般说来，决策评价总是很有可能得出不利于领导者的结论，从而危及他们的前途和利益；同时，他们还认为评价会干扰他们的日常工作和活动，扰乱他们的行动计划，使既定目标无法实现。毫无疑问，在现实领导决策评价所面临的困难中，人为的抵制往往是最直接和最严重的。在实际执行中，经常存在由于领导者及有关人员的抵制和反对而导致决策评估尤其是对有问题的决策的评价被取消的现象。

③ 获取数据和信息的困难。全面、准确地统计数据和信息，是对领导决策进行评价和分析的前提。没有足够的关于决策制定和执行的第一手资料，科学的决策评价就很难进行。在决策评价过程中，有的领导者或者不重视信息管理，导致信息系统的不完备和信息收集与整理的混乱；或者对决策的评价采取不合作态度而不愿提供相关的数据和信息。这些，都对评价活动的顺利

进行产生障碍，都对领导决策评价的客观性和全面性有影响。

④ 决策影响的广泛性。一项重大决策的影响涉及社会生活的各个方面，既包括预期的影响，也包括非预期的影响；既包括短期影响，也包括长期影响；同时，还包括决策系统内部各种因素的变化和决策系统外部各种环境的变化。在所有这些影响中，有些因素难以测定或根本无法测定，并且各种影响因素也往往难以用同一标准来衡量，这就不仅为领导者反评价找到了借口，而且还为某些不科学评价的出现创造了条件。受局部利益牵制的评价者往往习惯于从广泛多样的决策影响中选取那些对自己有利的方面进行评价，而把另外一些因素人为地忽略掉，从而给客观公正的决策执行评价活动造成了很大的困难。

（3）总结和撰写评价报告

总结和撰写评价报告是决策执行评价活动的最后一步，它主要包括总结评价活动和撰写评价报告两方面的内容。总结是通过对决策评价全过程的全面回顾，审查决策评价是否完成了任务，是否达到了预期的目的。撰写评价报告是将评价结论以书面报告形式反映出来，提交给有关领导者或上级部门。执行评价报告的内容，除了对决策执行本身进行评价评判外，还应包括对以后类似决策的建议及对评价过程中某些重要问题的说明。撰写执行评价报告必须实事求是，不能凭主观臆断行事，这是保证执行评价报告科学、公正的重要前提。

3.评价决策的方法

评价决策的方法主要有以下几种：

（1）经验分析法

这种方法就是先提出某种假说或理论，然后再去寻求经验证据。通过归纳各种经验事实，为假说或理论提供一定程度的确证或证伪。对于决策方案进行分析评估，也常归纳以往决策成功和失败的经验事实来支持或反对现有方案，或者总结以往其他类似决策执行方案的成效大小来证实待分析方案的可行性。这也是一个由经验归纳到执行方案确证或证伪的过程。

（2）抽象分析法

科学抽象必须经过对各种经验事实加以分析，剔除表面的偶然因素，深入实质，抓住必然的和重要的因素。在对执行方案进行分析的过程中，抽象分析是一种重要的方法。在运用抽象分析法的时候，需要注意的是抽象必须是合理的，也就是必须把握好抽象的度。一方面抽象的东西确实是能反映对象本质的、在对象中具有重要意义的东西，应排除偶然的因素；另一方面则是说在抽象的过程中不能遗漏必要的方面，要把握住各种重要因素和联系。

在对执行方案进行定性抽象分析的基础上，有可能的话还应进行定量的抽象分析。这就是说把方案中的各主要因素和特征抽象出来后，进一步探讨它们之间的数量关系，为方案建立适当的模型，从中找出目标函数与各变量及约束因素间的必然联系，并通过分析模型的解去推断方案的可行性。这也就是所谓模型分析。模型是对研究对象的特征和变化规律的一种定量抽象，而且是主要因素和特征的定量抽象，因而它能更集中、更深刻地描述决策对象。模型按其性质分为实物模型（按实物制作）、类比模型（图形模型）、数学模型（以运算符号或数字表达的一项抽象概念）。一般而言，后两种模型，在实践中，特别是对决策执行方案进行分析时被更多地采用。

（3）比较分析法

假如面对众多执行方案，而仅研究一方案又不能通悉各方案的好坏时，比较分析就是一条重要的途径，通过对不同方案的比较，排列各方案的优缺点，以便于进一步选择。

比较是找到同异点的逻辑方法，比较应注意，一是方案之间要有可比性，即参加比较的方案是针对同一问题、同一目标提出来的；二是要有稳定的比较标准，没有稳定的标准也无法完成比较。

（4）试点分析法

复杂而又关系重大的决策，既没有经验可循，又很难建立精确的模型，可采用试点分析的方法对方案进行分析评估，即选定一个小的范围实施该项方案，然后对实施过程中的各种情况和产生的结果加以分析研究，以推断其可行性大小。

4.分析、评价执行方案的几个重点

（1）决策问题有无备选执行方案

制定多个供选择的备选执行方案，这个工作是决策执行的基础。任何事物的性质如何都是要通过对比才能发现。因此只有拟订出一定数量和质量的可能方案供对比选择，决策才更加合理。如果只拟订一个方案，就无法对比，也难以辨别其优劣，也没有选择的余地。所以有人说“没有选择就没有决策”，这是很有道理的。国外的决策人员很重视多方案选择，经理人员常用这样的格言来提醒自己：“如果你感到似乎只有一条路可走，那很可能这条路就是走不通的。”在大家的实际工作中不少人习惯于单方案决策。有的领导者也感到了这种决策的弊病，可又不知如何改进。这是因为他们还不了解多方案选择的重要意义。由于现代决策执行中均采用多方案选择的方法，因此在决策科学与决策实践中就出现了一个常用的术语——“备择方案”，即拟订出供决策者选择的各种方案，以别于选定付诸实施的方案。

（2）方案执行有无创新

备选方案的录取，首先是从自我经验入手，然后依据以下顺序逐步展开。先从过去自己熟悉的经验和方案中寻找，然后才到别的方面寻找；先找简单的方案，后找复杂的方案；先找较有把握控制行动后果的方案，后找不易控制后果的方案；先找估计可以较快解决问题的方案，后找需要较长时间才能解决的方案等。这种方法能够以最快的、最有效的速度找到解决的方案。

另外，相对不常出现的一般决策而言。少许重复出现的决策，则基本上可以依据经验拟订出备择方案来。对于新问题即非常规问题的决策，过去的经验也可供借鉴。但由于是新问题，就得找到新的解决方案，这就是决策中的创新。因为事物总是发展的，情况总在不断变化，新问题也层出不穷，所以决策总是以变革现状为出发点和归宿，否则就无所谓决策。一般来说，评价一个决策方案有无创新从两个方面来看：一看能否将上级的决策意图与本地区、本部门的具体情况很好地结合；二看所做的决策对下级部门有无具体的、实际的指导意义，这不能认为就是照搬上级指导和抄袭他人经验。

（3）方案执行细节是否清楚

决策有好主意仅仅是第一步，还应该进行措施分析与行动阶段分析，也就是对方案执行中应采取的积极措施、应变措施进行分析，对方案实施过程中各阶段的行动、衔接、效率等问题进行分析。一般来说，一个可行的方案中对上述问题都有具体的阐述，不仅以第一步该干什么、怎么干、达到什么样的指标有设计和安排，而且对不同阶段内如何组织实施、怎样安排日程、配备多少人员、需要经费多少等细节都有清楚的说明，这在决策方案时是着重考虑的内容。

（4）对方案的执行结果有无估计

作为方案评价的内容之一，估计方案执行结果的工作十分重要。如果没有它，方案的优劣就无从识别，最后选择就无法进行。对于简单的方案或技术性较强的方案来说，其执行结果较易估计，有些可以直接通过计算求得，但对于复杂的决策方案来说，方案的执行结果无法直接计算出来，需要进行预测，即运用科学的预测方法和手段，运用过去的经验和掌握的丰富资料去估计。

估计方案的执行结果，要着重注重如下三点：

① 必须预计到明显影响决策目标的全部后果，不要有遗漏。针对主要目标的关键后果一般不容易遗漏，但是长远后果、

无形后果、间接后果、社会后果等却容易遗漏，应引起注意。大家对后果估计得越全面、越深入，下一步选择方案就越有把握。有时候似乎忽略的只是不十分重要的方面，但后来执行结果却大大出乎意料之外，因此丝毫不能大意。

② 关于方案的执行结果的正反方面必须客观地加以评价，也就是说要实事求是，既对长处做充分估计，也要对短处做充分估计，不要为了强调一面而有意掩盖其另一面。过去在实际工作中常遇见这样的情况，为了想从主观上推行某个方案，在决策前就把它说得天花乱坠，似乎是十全十美，可是执行起来却困难重重。也有相反的情况，主观上为了贬低某个方案，看也不看，就随手一扔，可是过了一段再看，才发现这是一个极有价值的方案。因此，方案评价时的客观态度是特别重要的。此外，大家还要特别强调应估计可能产生的不良后果，为的是便于充分考虑预防措施，以免临时措手不及，这样才能把可能的损失减至最低限度。作为决策执行者，不但要特别警惕只报喜不报忧以及曲意逢迎这类不正之风，而且还要采取一些措施加以防止和克服。对于只谈优点不说缺陷的方案，必须坚决退回让其重新评估。

③ 估计方案执行结果，应该将技术上的推论与估计人的因素在执行中的作用并行开展。

三、执行在于落实

好的思想靠行动，好的概念靠运作，好的制度靠实施。企业的执行力，集中体现在员工对企业目标与环境的认识和业务运用及应变能力上。

执行力，首先是企业学习能力与知识储备的集中表现。从行为主义来看，学习是行为的改变，行动是知识转化为成果的关键。

具体来讲，企业执行力的有效落实，取决于以下四个要素的实施：

（1）确定目标：企业必须知道希望追求的最终结果，并决心达成这些结果。

（2）准确行动：企业必须根据目标订计划，并以果断的行动执行计划。

（3）统一认知：企业必须观察行动的结果，评估成功或失败的程度，每人心中有数。

（4）适变求变：如果执行遭遇挫折，必须重新检讨目标与行动，判断问题的所在，并愿意及时修正。

企业执行力依赖于系统的统筹方法，从进度、费用、资源和质量以及未来的控制条件等方面，做出充分的考量。同时，在计划阶段就确定完善的知识沟通方式，以保障知识的有效采集和转移。从某种意义上说，提高了企业目标、环境和内部条件的认知能力，等于提高了企业的执行力。一句话，执行力的提升关键还是落实、落实、再落实！

执行与决策，犹如过程与结果，是有机统一的，是追求有效决策的必然要求。寻求一个成功的积极方案是所有决策执行者的共同愿望，但有时最终的效果却并不都尽如人意，重要原因在于对“过程与结果”的认识与把握缺乏正确的态度。其实，决策的过程与结果之间具有一种动态平衡关系，没有科学的决策过程就不可能取得合理的决策效果。

许多人也许都懂得这个道理，可是在遇到具体的问题时，却犯了和那个吃包子的人同样的错误，往往只是看重结果，却忽视了过程，忘记了过程与结果的辩证关系，忘记了过程决定结果。